Insolvenz und Arbeitsrecht

Einleitung

Für die Arbeitnehmer ist es ein Schock. Oft erfahren sie es zuerst aus der Presse: Ihr Arbeitgeber hat Insolvenzantrag gestellt! Mit ihren Ängsten und Sorgen wenden sich die Arbeitnehmer an ihre Betriebsräte in der Hoffnung, dort Antworten zu finden. In dieser Extremsituation ist es wichtig, dass die Arbeitnehmer über ihre Lage schnell und richtig aufgeklärt werden. Muss ich weiter zur Arbeit gehen? Bekomme ich noch meinen Lohn? Welche Rechte habe ich noch? Und was bedeutet eigentlich Insolvenz? Das sind häufig die ersten Fragen, die sich betroffenen Arbeitnehmern aufdrängen. Diese Broschüre richtet sich daher an Betriebsräte in der schwierigen Situation der Insolvenz des Arbeitgebers. Betriebsräte sind nicht nur Ratgeber, sondern auch selbst von der Insolvenz des Arbeitgebers betroffen. Daher soll der vorliegende Band in erster Linie Hilfe bei der Beantwortung der häufigsten Fragen von Arbeitnehmern und Betriebsräten in der Insolvenz ihres Arbeitgebers sein. Hierzu werden typische Fragen am fiktiven Beispiel der Maier GmbH beantwortet, und zwar in der Reihenfolge, in der sie sich den Betriebsräten in der Praxis stellen. Muster von Info-Schreiben und Übersichten finden sich im Anhang. Unter den Übersichten befinden sich auch Gegenüberstellungen von Argumenten, die als Entscheidungshilfen für Betriebsräte dienen. Dem Betriebsrat wird eine eigenverantwortliche Mitwirkung an den im Insolvenzverfahren zu treffenden Entscheidungen erleichtert, wenn er sich frühzeitig mit der betreffenden komplexen Rechtsmaterie vertraut macht.

Die Autoren

Elke Lill
Rechtsanwältin, Diplom-Politologin in München. Vertretung und Beratung insbesondere von Arbeitnehmern und Arbeitnehmervertretern zu allen Fragen des kollektiven und individuellen Arbeitsrechts sowie des Insolvenzarbeitsrechts, beispielsweise Mitglied des Gläubigerausschusses in den Schlecker-Insolvenzverfahren für den Gesamtbetriebsrat.

lill@lfr-wirtschaftsanwälte.de

Dr. Erik Hintz, LL.M. (NYU)
Rechtsanwalt, Attorney-at-Law (New York) in Stuttgart. Vertretung und Beratung im deutschen und grenzüberschreitenden Wirtschaftsrecht einschließlich Restrukturierungen von Unternehmen in der Krise und Unternehmenskäufen aus der Insolvenz.
hintz@swm-legal.eu

Inhaltsübersicht

Der Inhalt der 3. Auflage entspricht dem Inhalt der Online-Edition 27/2022

www.betriebsrat-plus.beck.de
www.vahlen.de

ISBN 978 3 8006 6981 3

Wilhelmstraße 9, 80801 München
Druck und Bindung: Himmer GmbH
Steinerne Furt 95, 86167 Augsburg

Redaktion: Claudia Schöberl, M. A., Verlag Franz Vahlen GmbH, München

Satz: Druckerei C.H.Beck, Nördlingen

Umschlaggestaltung: Martina Busch, Grafikdesign, Homburg Saar

vahlen.de/nachhaltig

Gedruckt auf säurefreiem, alterungsbeständigem Papier
(hergestellt aus chlorfrei gebleichtem Zellstoff)

I. Typische Fragen der Arbeitnehmer im Zusammenhang mit dem Insolvenzantrag des Arbeitgebers

Die Kaufhauskette Maier GmbH, die deutschlandweit Filialen hat, hat am 1.7.2021 in München Insolvenzantrag gestellt. Die Arbeitnehmer und Betriebsräte erfahren hiervon über die Medien. Die Arbeitnehmer wenden sich mit ihren ersten Fragen an das Betriebsratsbüro.

1. Müssen die Arbeitnehmer weiter zur Arbeit gehen?

Ja, die Arbeitnehmer müssen **ganz normal weiter zur Arbeit gehen.**

Weder

- das Stellen des Antrags auf Eröffnung des Insolvenzverfahrens noch
- das Bestellen des vorläufigen Insolvenzverwalters und auch nicht
- die Eröffnung des Insolvenzverfahrens selbst

beenden das Arbeitsverhältnis. Trotz dieser Ereignisse bestehen die Arbeitsverhältnisse zunächst fort. Rechtsgrundlage hierfür ist § 108 der Insolvenzordnung (InsO). Allerdings bestehen nach Eröffnung des Insolvenzverfahrens kündigungsrechtliche Besonderheiten (→ *Frage 83: Welche Kündigungsfristen gelten im eröffneten Insolvenzverfahren?* ff.).

2. Erhalten Arbeitnehmer weiter ihren Lohn bzw. ihr Gehalt?

Beispiel

Bisher haben die Arbeitnehmer der Maier GmbH immer pünktlich ihr Gehalt zum Monatsende erhalten. Einige befürchten aber, dass sie für ihre zukünftige Arbeitstätigkeit leer ausgehen.

Um diese Frage zu beantworten, müssen die Betriebsratsmitglieder etwas ausholen. Der Zeitraum zwischen Insolvenzantragstellung und Insolvenzeröffnung beträgt regelmäßig etwa drei Monate. Während eines entsprechenden Zeitraums sind die Arbeitnehmer grds. über das **Insolvenzgeld** nach §§ 165 ff. SGB III abgesichert.

Demnach haben Arbeitnehmer Anspruch auf Insolvenzgeld, wenn sie im Inland beschäftigt waren und bei einem **Insolvenzereignis** für die vorausgegangenen **drei Monate** des Arbeitsverhältnisses noch Ansprüche auf Arbeitsentgelt haben.

Insolvenzereignis in diesem Sinne ist insbes. die **Eröffnung des Insolvenzverfahrens** über das Vermögen des Arbeitgebers oder die **Abweisung des Antrags** auf Eröffnung des Insolvenzverfahrens **mangels Masse.**

Die vorläufigen Insolvenzverwalter machen regelmäßig von der Möglichkeit Gebrauch, die Löhne über das Insolvenzgeld **vorzufinanzieren.** Dementsprechend zahlen vorläufige Insolvenzverwalter regelmäßig zunächst keinen Lohn während des sog. Insolvenzgeldzeitraums, also dem Zeitraum von maximal drei Monaten zwischen Insolvenzantragstellung und Insolvenzeröffnung. Die Arbeitnehmer erhalten stattdessen zeitnah Insolvenzgeld von der Arbeitsagentur.

→ *Muster 1: Info-Schreiben zum Thema „Insolvenzgeld“*

3. Müssen die Arbeitnehmer bereits jetzt tätig werden, damit sie später Insolvenzgeld erhalten?

Die Arbeitnehmer müssen das **Insolvenzgeld** innerhalb von **zwei Monaten nach der Eröffnung des Insolvenzverfahrens** bei der Agentur für Arbeit **beantragen.** Der Anspruch besteht nur, wenn Arbeitnehmer ihren Lohn nicht vollständig erhalten haben. Der Betriebsrat rät den Arbeitnehmern, zunächst mit der Antragstellung noch etwas zu warten. Er möchte erst mit dem vorläufigen Insolvenzverwalter Rücksprache halten, um zu klären, ob die nächsten Gehälter gezahlt werden bzw. ob das Insolvenzgeld vorfinanziert wird. In diesem Fall würden die Arbeitnehmer vom vorläufigen Insolvenzverwalter angeschrieben. Wird das Insolvenzgeld nicht vorfinanziert, müssten die Arbeitnehmer es möglichst schnell beantragen bzw. einen Vorschuss hierauf verlangen. Der Betriebsrat versichert den Arbeitnehmern, dass sie aber zuvor durch ein Rundschreiben des Betriebsrats in dieser Sache informiert werden. Es besteht derzeit kein Grund, sich über die aktuellen Lohnzahlungen Sorgen zu machen.

→ *Muster 1: Info-Schreiben zum Thema „Insolvenzgeld"*

4. Können sich die Arbeitnehmer mit ihren Fragen an den Betriebsrat wenden?

Ja. Der Betriebsrat ist von der Insolvenzantragstellung an – und solange er noch Aufgaben wahrzunehmen hat – bis zur Beendigung des Insolvenzverfahrens für die Arbeitnehmer da.

5. Wie sicher ist der Arbeitsplatz?

Das Stellen des Insolvenzantrags an sich bedeutet nicht zwangsläufig, dass Arbeitnehmer gekündigt werden. Zwar ist es selten, dass im Rahmen eines Insolvenzverfahrens alle Arbeitsplätze erhalten bleiben, ausgeschlossen ist dies aber nicht. Der Betriebsrat wird die Arbeitnehmer aber über alle neuen Erkenntnisse informieren.

6. Was bedeutet Insolvenz?

Insolvenz setzt voraus, dass ein Insolvenzgrund vorliegt. **Insolvenzgründe** sind

- die Zahlungsunfähigkeit nach § 17 InsO,
- die drohende Zahlungsunfähigkeit nach § 18 InsO und
- die Überschuldung nach § 19 InsO.

Zahlungsunfähigkeit bedeutet, dass der Schuldner nicht dazu in der Lage ist, seine fälligen Verbindlichkeiten zu erfüllen. Die **drohende Zahlungsunfähigkeit** ist nur ein Insolvenzgrund, wenn der Schuldner selbst Insolvenzantrag stellt (**Eigenantrag**). Sie liegt vor, wenn der Schuldner voraussichtlich nicht dazu in der Lage sein wird, seine Verbindlichkeiten im Zeitpunkt ihrer Fälligkeit zu bezahlen. **Überschuldung** liegt vor, wenn das Vermögen des Schuldners seine Verbindlichkeiten nicht mehr deckt, es sei denn, die Fortführung des Unternehmens ist in den nächsten zwölf Monaten nach den Umständen überwiegend wahrscheinlich. Die Überschuldung ist als Insolvenzgrund ausgeschlossen, wenn der Schuldner eine natürliche Person ist oder zumindest eine natürliche Person für ihn unbeschränkt haftet.

7. Was sind die Ziele und Instrumente des Insolvenzverfahrens?

Ziel des Insolvenzverfahrens ist in erster Linie die **möglichst gleichmäßige Befriedigung der Gläubiger.** Das Insolvenzrecht stellt ein wichtiges wirtschaftspolitisches Instrument dar, um Unternehmen zu sanieren, Arbeitsplätze zu erhalten und vorrangig die Gläubiger zu befriedigen. Bis zum Ende der 70er-Jahre diente das Insolvenzrecht grds. nur dem Zweck der möglichst hohen Gläubigerbefriedigung und hatte dementsprechend viele Zerschlagungen und Abwicklungen zur Folge. Ende der 70er-Jahre wurden erste Bemühungen gemacht, das Insolvenzrecht auch als Sanierungsrecht zu verstehen und Arbeitsplätze zu erhalten. Diesem Zweck dienen die Bestimmungen über das Insolvenzplanverfahren in §§ 217 ff. InsO, die schon in ihrer ursprünglichen Fassung vom 1.1.1999 enthalten waren, und insbesondere deren mit Wirkung zum 1.3.2012 erfolgte Ergänzung um das Schutzschirmverfahren, jenes geändert mit Wirkung zum 1.1.2021 (§ 270d InsO). Obwohl es prominente Erfolgsgeschichten von sanierten Unternehmen gibt, ist der Prozentsatz von Unternehmen, die im Kontext der Insolvenz als wirtschaftliche Einheiten erhalten bleiben, nach wie vor sehr gering. Insbesondere soll das Insolvenzverfahren den sog. „Wettlauf der Gläubiger" verhindern. Es gilt grds. ein **allgemeines Vollstreckungsverbot.** Vielmehr werden die Vermögenswerte, die im Insolvenzverfahren **Insolvenzmasse** genannt werden, gleichmäßig unter den Gläubigern verteilt. Hierbei bedeutet „gleichmäßige Befriedigung" der Gläubiger nicht, dass das vorhandene Vermögen unter allen

Gläubigern zu gleichen Teilen aufgeteilt wird. Vielmehr gibt es verschiedene „Rangstufen" von Forderungen, die nacheinander erfüllt werden, solange Vermögen des Schuldners vorhanden ist. Innerhalb einer Rangstufe werden die Forderungen gleichmäßig erfüllt. In erster Linie ist aber mit der „gleichmäßigen Befriedigung" der Gläubiger gemeint, dass einzelne Gläubiger nicht mehr aufgrund von individuellen Klagen in Vermögenswerte des Schuldners vollstrecken können, wie dies außerhalb des Insolvenzrechts möglich ist. Denn dann könnten die Gläubiger, die am schnellsten klagen und vollstrecken, ihre Ansprüche zu 100% erfüllen. Für die restlichen Gläubiger wäre kein Vermögen mehr vorhanden. Auch eine Sanierung von insolventen Unternehmen wäre kaum noch möglich.

Im Regelinsolvenzverfahren wird zunächst ein vorläufiger Insolvenzverwalter und dann, nach Eröffnung des Insolvenzverfahrens, ein Insolvenzverwalter bestellt, der die Geschäfte des Unternehmens anstelle der bisherigen Geschäftsführung fortführt. Maßgebliches Kriterium für seine Entscheidungen ist, dass die Forderungen der Gläubiger so weitgehend wie möglich erfüllt werden. Nur soweit es bei Fortführung des Unternehmens voraussichtlich zu einer höheren Gläubigerbefriedigung kommt als bei einer Abwicklung, darf der (vorläufige) Insolvenzverwalter das Unternehmen fortführen: Der vorläufige Insolvenzverwalter hat ein Unternehmen, das der Schuldner betreibt, fortzuführen, um eine erhebliche Verminderung des Vermögens zu vermeiden – soweit nicht das Insolvenzgericht einer Stilllegung zustimmt (§ 22 Abs. 1 Nr. 2 InsO); im eröffneten Insolvenzverfahren ist die Fortführung des Unternehmens durch den Insolvenzverwalter nach § 157 InsO von der Zustimmung der Gläubigerversammlung abhängig. In dieser Broschüre wird grds. vom Regelinsolvenzverfahren (im Unterschied zum vorerwähnten Insolvenzplanverfahren) ausgegangen.

8. Welche Arten von Ansprüchen gibt es in der Insolvenz?

In der Insolvenz werden also die Ansprüche der Gläubiger neu bewertet. Zunächst werden die Ansprüche oder Rechte dargestellt, die grds. vollständig erfüllt werden:

a) Hierbei sind insbesondere die sog. **Aussonderungsrechte** und **Absonderungsrechte** zu beachten. Die **Aussonderungsrechte** haben den folgenden Hintergrund: Sehr oft befinden sich in den Räumen des schuldnerischen Unternehmens Gegenstände, die nicht dem Schuldner gehören. Beispielsweise werden häufig Waren unter einfachem Eigentumsvorbehalt verkauft. Das bedeutet, dass der Käufer erst das Eigentum an diesen Vorbehaltswaren erhält, nachdem er den Kaufpreis vollständig an den Verkäufer bezahlt hat. Das Eigentum und vergleichbare Rechte begründen in der Insolvenz Aussonderungsansprüche nach §§ 47 f. InsO. Die Inhaber solcher Aussonderungsansprüche können die Gegenstände, an denen dieses Recht besteht, **herausfordern.** Der (vorläufige) Insolvenzverwalter ist dann verpflichtet, ihnen diese **fremden Gegenstände herauszugeben.**

b) Daneben gibt es auch verschiedene Arten von **gesicherten Ansprüchen.** Sicherheiten in diesem Sinn sind beispielsweise **Hypotheken, Grundschulden** und **Pfandrechte.** Diese gesicherten Rechte begründen in der Insolvenz **Absonderungsrechte** nach §§ 49 ff. InsO. Absonderungsrechte in diesem Sinne sind darüber hinaus auch der „verlängerte" und der „erweiterte" Eigentumsvorbehalt: Der „verlängerte" Eigentumsvorbehalt ist eine im Warenkreditverkehr quasi universell verbreitete Sicherungsform, wonach der Käufer die Kaufsache (Vorbehaltsware) im ordentlichen Geschäftsgang weiterübereignen darf und dem Verkäufer als Ausgleich für den Verlust seines Eigentums die Kaufpreisforderung aus dem Weiterverkauf abgetreten wird. Im Rahmen eines „erweiterten" Eigentumsvorbehalts sichert die Kaufsache über die konkrete Kaufpreisforderung hinaus weitere Forderungen des Verkäufers aus der Geschäftsbeziehung zum Käufer. Absonderung bedeutet, dass die Gegenstände, an denen diese Sicherheiten bestehen, zwar im Rahmen des Insolvenzverfahrens verwertet werden. Der Erlös aus dieser Verwertung fließt aber in der Höhe an die absonderungsberechtigten Gläubiger, in welcher der Sicherungsgegenstand deren Forderungen gesichert hatte.

Beispiel

Der Adler AG steht eine Forderung iHv 100.000 EUR gegenüber der Maier GmbH zu, die durch eine Hypothek an einem Grundstück der Maier GmbH gesichert ist. Der Insolvenzverwalter verkauft das Grundstück an einen Dritten und erhält dafür 300.000 EUR. Hiervon werden gleich 100.000 EUR an die Adler AG gezahlt. 200.000 EUR verbleiben zunächst in der Masse.

Praxistipp

*Auch wenn die oben dargestellten Aus- und Absonderungsrechte für die Ansprüche der Arbeitnehmer kaum eine Rolle spielen, sollten die Arbeitnehmervertreter deren Grundprinzip verstehen. Denn sie müssen den Arbeitnehmern erklären können, wieso es beispielsweise trotz hoher Umsätze oder Einnahmen aus dem Verkauf von Immobilien oder Tochtergesellschaften zu niedrigen Insolvenzquoten, Entlassungen oder sogar einer Betriebsstilllegung kommt. Wichtig zu wissen ist, dass die Forderungen der Großgläubiger meistens gesichert sind, so dass ein Großteil der **Insolvenzmasse** grds. zur Befriedigung von deren Forderungen aufgewandt wird. Grds. sind die Forderungen der Arbeitnehmer nicht gesichert. Eine Ausnahme besteht allerdings bei der Sicherung des **Wertguthabens von Altersteilzeitbeschäftigten**. Hier werden insbesondere Absonderungsrechte relevant.*

c) Auch **Masseansprüche** (→ *Frage 76: Wie werden die Arbeitnehmer nach Eröffnung des Insolvenzverfahrens bezahlt?*) werden vorrangig aus der Insolvenzmasse befriedigt und zwar vollständig, sofern keine Masseunzulänglichkeit (→ *Frage 77: Was bedeutet Masseunzulänglichkeit für Betriebsrat und Arbeitnehmer?*) vorliegt.

d) Dagegen werden die **Insolvenzforderungen** (→ *Frage 23: Welche Ansprüche werden bei der Bestellung des schwachen vorläufigen Insolvenzverwalters bezahlt?*) nur anteilig aus der Insolvenzmasse, die nach Befriedigung der Masseansprüche noch verblieben ist, erfüllt.

e) **Masseansprüche** sind auch die **Kosten des Insolvenzverfahrens.** Reicht das Vermögen des Schuldners nicht dazu aus, um die Verfahrenskosten zu erfüllen, wird das Insolvenzverfahren erst gar nicht eröffnet.

→ *Muster 2: Info-Schreiben zum Thema „Welche Ansprüche werden in der Insolvenz noch erfüllt?“*

9. Was ist unter der insolvenzrechtlichen Anfechtung zu verstehen?

Das Insolvenzrecht kennt nicht nur Sonderregelungen bzgl. der Auszahlungen aus dem schuldnerischen Vermögen, sondern auch die besondere Möglichkeit, Vermögenswerte zur Insolvenzmasse zu ziehen. Insbesondere ist hier auf die insolvenzrechtliche Anfechtung hinzuweisen. Danach können bereits erfolgte Zahlungen – auch Gehaltszahlungen – bei Vorliegen der Voraussetzungen der **§§ 129 ff. InsO** vom Insolvenzverwalter angefochten werden. Die angefochtenen Zahlungen müssen dann nach § 143 InsO in die Insolvenzmasse zurückgezahlt werden. Die Anfechtung von Gehaltszahlungen ist allerdings nur in Ausnahmefällen zulässig. In den meisten Fällen handelt es sich bei den Gehaltszahlungen in der Unternehmenskrise um sog. Bargeschäfte nach § 142 InsO (→ *Frage 24: Wer trägt die Kosten für die Betriebsratstätigkeit?*). Als Bargeschäfte gelten Gehaltszahlungen, für die der Arbeitnehmer seine Arbeitsleistung erbracht hat und die im unmittelbaren zeitlichen Zusammenhang mit der Arbeitsleistung erfolgen. Unter Berücksichtigung von Besonderheiten des Arbeitsrechts soll nach der Rechtsprechung grds. ein Zeitraum von bis zu drei Monaten zwischen Arbeitsleistung und Entgeltzahlung dem Bargeschäftsprivileg nicht entgegenstehen (BAG 6.10.2011 – 6 AZR 585/10). Nach dem „Gesetz zur Verbesserung der Rechtssicherheit bei Anfechtungen nach der Insolvenzordnung und dem Anfechtungsgesetz“ vom 29.3.2017 ist im Interesse der Rechtssicherheit und der Belange der Arbeitnehmer die o. g. Drei-Monats-Regelung in § 142 Abs. 2 S. 2 InsO festgeschrieben worden. Umgekehrt kann auch eine Zahlung für länger als drei Monate vor der Insolvenzanfechtung sicher sein und zwar insbesondere dann, wenn das Arbeitseinkommen unterhalb der Pfändungsgrenze (§ 580c ZPO) liegt (BAG 29.1.2014 – 6 AZR 345/12). Allerdings unterliegen dem Bargeschäftsprivileg keine im Wege der Zwangsvollstreckungen eingetriebenen Forderungen, so dass Gehaltszahlungen, die der Arbeitnehmer auf diese Weise erlangt, einem der Anfechtungstatbestände der §§ 129 ff. InsO unterliegen können (**LAG Bln-Bbg 4.9.2012 – 3 Sa 661/12**). Eine Anfechtung der Gehaltszahlungen, die dem o. g. Bargeschäftsprivileg unterliegen, kommt grds. nur nach den Bestimmungen über die „Vorsatzanfechtung" nach § 133 InsO in Betracht. Das ist dann der Fall, wenn der Arbeitgeber durch die Zahlung an den Arbeitgeber seine anderen Gläubiger vorsätzlich benachteiligt hat und der Arbeitnehmer Kenntnis von diesem Gläubigerbenachteiligungsvorsatz seines Arbeitgebers hatte. Auf eine solche Kenntnis wird geschlossen, wenn der Arbeitnehmer bei Gehaltsempfang Kenntnis von Umständen hatte, aus denen er auf die – tatsächliche oder drohende – Zahlungsunfähigkeit des Arbeitgebers schließen musste. Kenntnis solcher Umstände wird regelmäßig nur bei solchen Arbeitnehmern vorliegen, die Einblick in die Buchhaltung des Unternehmens haben (BAG 29.1.2014 – 6 AZR 345/12; BAG 6.10.2011 – 6 AZR 585/10). Das vorgenannte „Gesetz zur Verbesserung der Rechtssicherheit bei Anfechtungen nach der Insolvenzordnung und dem Anfechtungsgesetz" vom 29.3.2017 hat eine Stärkung der Position der Arbeitnehmer bewirkt. So greift nach der seit 5.4.2017 geltenden Regelung in § 133 Abs. 3 S. 1 InsO die o. g. Vermutungswirkung nur noch bei Kenntnis des Arbeitnehmers von der tatsächlichen Zahlungsunfähigkeit seines Arbeitgebers ein – und nicht mehr auch schon bei Kenntnis von nur drohender Zahlungsunfähigkeit.

Praxistipp

Hat der Insolvenzverwalter Gehaltszahlungen gegenüber dem Arbeitnehmer angefochten und ihn entsprechend zur Rückerstattung aufgefordert, sollte dem Arbeitnehmer keinesfalls vor genauer Prüfung der Rechtslage empfohlen werden, dieser Aufforderung nachzukommen.

10. Wie läuft das Insolvenzverfahren ab?

Ist in den Beschlüssen des Insolvenzgerichts ein **vorläufiger Insolvenzverwalter** (→ *Frage 20: Welche Aufgaben hat der vorläufige Insolvenzverwalter?*) bestellt, keine **Eigenverwaltung** (→ *Frage 13: Was ist unter Eigenverwaltung zu verstehen?*) angeordnet und von keinem **Insolvenzplan** (→ *Frage 14: Was ist ein Insolvenzplan?*) oder **Schutzschirm** (→ *Frage 15: Was ist unter einem Schutzschirm zu verstehen?*) die Rede, ist von einem **Regelinsolvenzverfahren** (→ *Frage 7: Was sind die Ziele und Instrumente des Insolvenzverfahrens?*) auszugehen. Für dieses gelten die allgemeinen Bestimmungen in der Insolvenzordnung. Der Ablauf des Regelinsolvenzverfahrens ist nach **Insolvenzeröffnungsverfahren** (zwischen Insolvenzantragstellung und Eröffnung des Insolvenzverfahrens, → *Frage 11: Was passiert nach Insolvenzantragstellung während des Insolvenzeröffnungsverfahrens?*) und eröffnetem **Insolvenzverfahren** (nach gerichtlichem Eröffnungsbeschluss, → *Frage 12: Was passiert während des eröffneten Insolvenzverfahrens?*; → *Frage 76: Wie werden die Arbeitnehmer nach Eröffnung des Insolvenzverfahrens bezahlt?*) zu unterscheiden.

→ *Muster 7: Zeitstrahl: Insolvenzverfahren*

11. Was passiert nach Insolvenzantragstellung während des Insolvenzeröffnungsverfahrens?

Als **Insolvenzeröffnungsverfahren** wird der Verfahrensabschnitt zwischen Insolvenzantragstellung und dem Eröffnungsbeschluss bezeichnet. Teilweise wird auch der Begriff des „vorläufigen Insolvenzverfahrens" gebraucht, der allerdings nicht in Gesetzestexten zu finden ist.

Ziel des Insolvenzeröffnungsverfahrens ist es, eine Verschlechterung der Vermögenslage des Schuldners zu verhindern. Das Insolvenzeröffnungsverfahren dauert regelmäßig ungefähr drei Monate. In den folgenden Ausführungen wird von einem **Regelinsolvenzverfahren** (→ *Frage 7: Was sind die Ziele und Instrumente des Insolvenzverfahrens?*) ausgegangen.

Während des Insolvenzeröffnungsverfahrens, in dem meist ein **vorläufiger Insolvenzverwalter** (→ *Frage 20: Welche Aufgaben hat der vorläufige Insolvenzverwalter?*) bestellt wird, werden regelmäßig die folgenden Fragen geprüft:

- Ist der Insolvenzantrag zulässig?

- Liegt ein **Insolvenzgrund** (→ *Frage 6: Was bedeutet Insolvenz?*) vor?
- Ist ausreichend Vermögen vorhanden, um das Insolvenzverfahren zu eröffnen?

Oft werden die Weichen für das Insolvenzverfahren bereits im Insolvenzeröffnungsverfahren gestellt. Der vorläufige Insolvenzverwalter beginnt meist schon vor Insolvenzeröffnung mit der Investorensuche. Häufig kommt es bereits während des Insolvenzeröffnungsverfahrens zu Kündigungen. Wenn ein sog. **„starker" vorläufiger Insolvenzverwalter** (→ *Frage 20: Welche Aufgaben hat der vorläufige Insolvenzverwalter?*; → *Frage 28: Wer ist auf Arbeitgeberseite Ansprechpartner des Betriebsrats?* ff.) bestellt wird, stehen diesem bereits einige Rechte des Insolvenzverwalters nach Eröffnung des Insolvenzverfahrens zu.

Das Insolvenzeröffnungsverfahren endet mit der Entscheidung über den Insolvenzantrag. Wird diesem stattgegeben, wird das **Insolvenzverfahren** eröffnet (→ *Frage 12: Was passiert während des eröffneten Insolvenzverfahrens?*; → *Frage 76: Wie werden die Arbeitnehmer nach Eröffnung des Insolvenzverfahrens bezahlt?*).

Häufig wird übersehen, dass das Insolvenzverfahren nicht schon nach der Insolvenzantragstellung eröffnet wird, sondern regelmäßig erst drei Monate später.

Auch wird häufig vom Insolvenzverwalter gesprochen, obwohl erst ein vorläufiger Insolvenzverwalter bestellt worden ist. Daher ist es ganz wichtig, dass sich Arbeitnehmervertreter im Rahmen von Prüfungen oder Beratungen vergewissern, **in welchem Abschnitt sich das Verfahren gerade befindet.** Denn die Rechtslage ist während des Insolvenzeröffnungsverfahrens nach der Stellung des Insolvenzantrags eine andere als nach tatsächlicher Eröffnung des Insolvenzverfahrens.

→ *Muster 7: Zeitstrahl: Insolvenzverfahren*

12. Was passiert während des eröffneten Insolvenzverfahrens?

Im eröffneten **Insolvenzverfahren** werden **Insolvenzforderungen** (→ *Frage 23: Welche Ansprüche werden bei der Bestellung des schwachen vorläufigen Insolvenzverwalters bezahlt?*) beim Insolvenzverwalter angemeldet, **Masseansprüche** (→ *Frage 76: Wie werden die Arbeitnehmer nach Eröffnung des Insolvenzverfahrens bezahlt?*) mitgeteilt und die Forderungen aller Gläubiger nach einer genau festgelegten Rangfolge befriedigt. Privatrechtliche Ansprüche werden nach der InsO neu bewertet. Hierbei werden manche Ansprüche, insbes. Masseansprüche, grds. voll befriedigt. Insolvenzforderungen werden dagegen nur anteilig aus dem verbleibenden Vermögen erfüllt. Insolvenzforderungen der Arbeitnehmer sind in aller Regel im Hauptbetrag nichtnachrangige Forderungen nach § 38 InsO. Die verschiedenen gem. § 39 InsO nachrangigen Kategorien von Insolvenzforderungen (das sind zB Zinsen und Kosten als Nebenforderungen) spielen nur in dem äußerst seltenen Fall eine Rolle, dass alle nichtnachrangigen Forderungen nach § 38 InsO zu 100% erfüllt werden – während aber die Insolvenzquote im Durchschnitt nur um die 5% liegt. Alle Gläubiger, auch die Arbeitnehmer, müssen ihre offenen Forderungen dem Insolvenzverwalter mitteilen bzw. diese Forderungen anmelden, um hierauf irgendwelche Zahlungen erhalten zu können. Das Insolvenzverfahren endet mit der Verteilung der Insolvenzmasse nach einem gewissen Schlüssel (→ *Frage 75: Wie erfolgt die Verteilung der Masse und was ist der Schlusstermin?*).

Praxistipp

*Der Betriebsrat sollte sich bereits **vor** Eröffnung des Insolvenzverfahrens mit der Rechtslage danach auseinandersetzen. Denn seine Entscheidungen während des Insolvenzeröffnungsverfahrens können sich maßgeblich auf die Rechtslage im eröffneten Insolvenzverfahren auswirken.*

13. Was ist unter Eigenverwaltung zu verstehen?

Beispiel

Einige Arbeitnehmer der Maier GmbH haben den Begriff der Eigenverwaltung aufgeschnappt und möchten wissen, was dieser bedeutet.

Bei Anordnung der **Eigenverwaltung** nach §§ 270, 270f InsO in dem Gerichtsbeschluss über die Eröffnung des Insolvenzverfahrens – bzw. der vorläufigen Eigenverwaltung nach § 270b InsO – wird es dem Schuldner auf Antrag ermöglicht, anstelle des (vorläufigen) Insolvenzverwalters das Unternehmen auch in der Insolvenz fortzuführen. Er darf über die Vermögenswerte des Unternehmens unter Aufsicht eines (vorläufigen) **Sachwalters** verfügen. Dementsprechend behält der bisherige Geschäftsführer des Unternehmens auch die Arbeitgeberfunktion.

Nach Einführung der **Eigenverwaltung** zum 1.3.2012 durch das „Gesetz zur weiteren Erleichterung der Sanierung von Unternehmen" (**ESUG**) hat sie sich mittlerweile, insbes. bei mittleren und großen Insolvenzfällen, in der deutschen Insolvenz- und Sanierungspraxis fest als Instrument etabliert, um das **Know-how der bisherigen Geschäftsführung** zu erhalten.

Die (vorläufige) Eigenverwaltung ist durch das „Gesetz zur Fortentwicklung des Sanierungs- und Insolvenzrechts" (**SanInsFoG**) mit Wirkung zum 1.1.2021 in den (neugefassten) §§ 270–285 InsO weiter ausgestaltet worden.

Der Schuldner hat dem Antrag auf Anordnung der Eigenverwaltung eine **Eigenverwaltungsplanung** beizufügen, für welche in § 270a Abs. 1 InsO umfassende Anforderungen aufgestellt sind. Bei der Antragstellung hat der Schuldner des Weiteren u. a. zu erklären, inwieweit er sich mit der **Erfüllung von Verbindlichkeiten aus Arbeitsverhältnissen,** Pensionszusagen oder dem Steuerschuldverhältnis gegenüber Sozialversicherungsträgern oder Lieferanten **in Verzug** befindet (§ 270a Abs. 2 InsO).

Die **vorläufige Eigenverwaltung** wird vom Gericht angeordnet, wenn (1) die Eigenverwaltungsplanung vollständig und schlüssig ist und (2) keine Umstände bekannt sind, aus denen sich ergibt, dass sie in wesentlichen Punkten auf unzutreffenden Tatsachen beruht. Bei Mängeln der Eigenverwaltungsplanung kann die vorläufige Eigenverwaltung einstweilen angeordnet werden – mit einer Frist von maximal 20 Tagen für deren Behebung.

Zu den Gründen, aus denen die vorläufige Eigenverwaltung **abzulehnen** ist (es sei denn, es ist dennoch zu erwarten, dass der Schuldner bereit und in der Lage ist, seine Geschäftsführung an den Interessen der Gläubiger auszurichten), gehören beispielsweise die mangelnde Deckung der Kosten der Eigenverwaltung und der Fortführung des gewöhnlichen Geschäftsbetriebs lt. vorgelegtem Finanzplan, **Zahlungsrückstände gegenüber Arbeitnehmern** oder erhebliche Zahlungsrückstände aus Pensionszusagen oder dem Steuerschuldverhältnis, gegenüber Sozialversicherungsträgern oder Lieferanten.

Im Insolvenzeröffnungsverfahren mit Eigenverwaltung kann ein **allgemeines Verfügungsverbot** (→ *Frage 21: Wer ist auf Arbeitgeberseite Ansprechpartner des Betriebsrats?*) und ein **Zustimmungsvorbehalt** (→ *Frage 22: Wer ist zum Ausspruch von Kündigungen und Freistellungen berechtigt?*) wie im Regelinsolvenzverfahren angeordnet werden (§ 270c Abs. 3 InsO). Die Stellung der bisherigen Geschäftsführer ist dementsprechend stark. Stimmt der **vorläufige Gläubigerausschuss** (→ *Frage 32: Welche Funktion hat der (vorläufige) Gläubigerausschuss?*) dem Antrag des Schuldners auf vorläufige Eigenverwaltung einstimmig zu, kann das Gericht diesen Antrag nicht mehr mit dem Argument ablehnen, die Eigenverwaltung sei nachteilig für die Gläubiger (§ 270b Abs. 3 S. 3 InsO). Ein einstimmiger Beschluss des vorläufigen Gläubigerausschusses ist für das Gericht aber auch im Fall der Ablehnung der Eigenverwaltung bindend (§ 270b Abs. 3 S. 4 InsO). Da an dieser Stelle ein einstimmiger Beschluss erforderlich ist, kommt auch dem Arbeitnehmervertreter im vorläufigen Gläubigerausschuss maßgebliche Bedeutung zu (→ *Frage 35: Kann der Gesamtbetriebsrat einen Vertreter in den (vorläufigen) Gläubigerausschuss entsenden?* ff.).

Zum 1.1.2021 sind die Anforderungen für eine gerichtliche Entscheidung über die vorläufige Eigenverwaltung **ohne Anhörung des Gläubigerausschusses** präzisiert bzw. modifiziert worden: Entweder müssen seit Antragstellung **zwei Werktage** vergangen sein oder es ist offensichtlich mit nachteiligen Veränderungen der Vermögenslage des Schuldners zu rechnen, die sich **nicht anders als durch Bestellung eines vorläufigen Insolvenzverwalters** abwenden lassen (§ 270b Abs. 3 S. 2 InsO).

Ebenfalls mit Wirkung zum 1.1.2021 ist mit § 270e InsO eine detaillierte Regelung über die **Aufhebung der (vorläufigen) Eigenverwaltung** geschaffen worden.

Neben der Aufhebung durch das Gericht **von Amts wegen,** insbes. bei schwerwiegendem Verstoß des Schuldners gegen insolvenzrechtliche Pflichten oder seine mangelnde Bereitschaft oder Fähigkeit, seine Geschäftsführung am Interesse der Gläubiger auszurichten (§ 270e Abs. 1 Nr. 1–3 InsO), hat eine solche Aufhebung auch **auf Antrag** des vorläufigen Sachwalters mit Zustimmung des **vorläufigen Gläubigerausschusses** selbst oder des Schuldners zu erfolgen (§ 270e Abs. 1 Nr. 4, 5 InsO). Inhaltliche Begründungen sind für diese Anträge nicht erforderlich; für den Antrag oder die Zustimmung des vorläufigen Gläubigerausschusses ist die einfache Mehrheit ausreichend (Hamburger Kommentar zum Insolvenzrecht/Fiebig, 9. Aufl. 2022, InsO § 270e Rn. 8).

Schließlich ist die Eigenverwaltung auch aufzuheben auf Antrag eines **Insolvenzgläubigers** (oder absonderungsberechtigten Gläubigers) **unter Glaubhaftmachung,** dass die Voraussetzungen für eine Anordnung der vorläufigen Eigenverwaltung nicht vorliegen und ihm durch die Eigenverwaltung erhebliche Nachteile drohen (§ 270e Abs. 2 InsO). Als betreffende Insolvenzgläubiger kommen insbes. auch **Arbeitnehmer** in Betracht.

Die Aufhebung der vorläufige Eigenverwaltung erfolgt durch die **Bestellung des vorläufigen Insolvenzverwalters** (§ 270e Abs. 1 InsO). Für dieses Amt kommt insbesondere der bisherige vorläufige Sachwalter in Betracht, dessen Bestellung das Gesetz auch ausdrücklich zulässt (§ 270e Abs. 3 InsO).

14. Was ist ein Insolvenzplan?

Beispiel

Andere Arbeitnehmer der Maier GmbH haben von einem Insolvenzplan gehört. Sie fragen die Betriebsräte, was darunter zu verstehen ist.

Im Insolvenzverfahren über das Vermögen der Maier GmbH gibt es bisher keine Bestrebungen für einen Insolvenzplan. Dennoch soll der Begriff kurz erklärt werden. Die Bestimmungen der §§ 217 ff. InsO zum **Insolvenzplan** ermöglichen es dem Insolvenzverwalter oder dem Schuldner, mit Zustimmung der Gläubiger das Insolvenzverfahren in Abweichung zu den gesetzlichen Bestimmungen des **Regelinsolvenzverfahrens** (→ *Frage 7: Was sind die Ziele und Instrumente des Insolvenzverfahrens?*) abzuwickeln. Voraussetzung für die Wirksamkeit des Insolvenzplans ist seine Annahme durch die Gläubiger und seine Bestätigung durch das Gericht. Der Schuldner muss dem Insolvenzplan zustimmen. Die Abstimmung über den Insolvenzplan erfolgt in Gruppen. Die Arbeitnehmer sollen eine eigene Gruppe bilden, wenn ihnen nicht unerhebliche Forderungen zustehen (§ 222 Abs. 3 InsO).

Ein Insolvenzplanverfahren kann auf Unternehmenssanierung aber auch auf die Liquidation des schuldnerischen Unternehmens gerichtet sein. Als Regelungsinhalte des Insolvenzplans kommen nach § 217 InsO die folgenden in Betracht:

- Die Befriedigung der **absonderungsberechtigten Gläubiger** (→ *Frage 8: Welche Arten von Ansprüchen gibt es in der Insolvenz?*) und der **Insolvenzgläubiger** (→ *Frage 23: Welche Ansprüche werden bei der Bestellung des schwachen vorläufigen Insolvenzverwalters bezahlt?*),
- die Verwertung der Insolvenzmasse und deren Verteilung an die Beteiligten,
- die Verfahrensabwicklung,
- die Haftung des Schuldners nach der Beendigung des Insolvenzverfahrens und
- die Anteils- oder Mitgliedschaftsrechte der am Schuldner beteiligten Personen, wenn der Schuldner keine natürliche Person ist.

Wird der Insolvenzplan durch den Insolvenzverwalter aufgestellt, wirken der **Betriebsrat** sowie der Sprecherausschuss der leitenden Angestellten neben dem **Gläubigerausschuss**, sofern ein solcher bestellt ist, und dem Schuldner beratend bei der Aufstellung eines Insolvenzplans mit (§ 218 Abs. 3 InsO).

15. Was ist unter einem Schutzschirm zu verstehen?

Beispiel

Manche Arbeitnehmer der Maier GmbH fragen sich, was sich hinter einem Schutzschirm verbirgt.

Das durch das „Gesetz zur weiteren Erleichterung der Sanierung von Unternehmen“ (ESUG) zum 1.3.2012 zwecks Vorbereitung einer Sanierung eingeführte **Schutzschirmverfahren,** durch das Gesetz zur Fortentwicklung des Sanierungs- und Insolvenzrechts (SanInsFoG) mit Wirkung zum 1.1.2021 neu geregelt in § 270d InsO, räumt als Sonderform des **Insolvenzeröffnungsverfahrens** (→ *Frage 11: Was passiert nach Insolvenzantrag-*

stellung während des Insolvenzeröffnungsverfahrens?) dem Schuldner die Möglichkeit ein, innerhalb von drei Monaten ein Sanierungskonzept zu erarbeiten, das im Rahmen eines **Insolvenzplans** (→ *Frage 14: Was ist ein Insolvenzplan?*) umgesetzt werden kann. Es setzt einen entsprechenden Antrag voraus sowie den Insolvenzgrund der **drohenden Zahlungsunfähigkeit** oder der **Überschuldung** (→ *Frage 6: Was bedeutet Insolvenz?*), kann jedoch bei bereits eingetretener **Zahlungsunfähigkeit** keine Anwendung mehr finden. Weiterhin darf die angestrebte Sanierung nicht offensichtlich aussichtslos sein. Hierüber muss der Schuldner dem Gericht eine mit Gründen versehene Bescheinigung eines in Insolvenzsachen erfahrenen Steuerberaters, Wirtschaftsprüfers oder Rechtsanwalts oder einer Person mit vergleichbarer Qualifikation vorlegen. Der Schuldner ist im Rahmen des Schutzschirmverfahrens berechtigt, einen verbindlichen Vorschlag für die Person des **vorläufigen Sachwalters** – anstelle eines vorläufigen Insolvenzverwalters (→ *Frage 20: Welche Aufgaben hat der vorläufige Insolvenzverwalter?*) – zu unterbreiten. Diese Person kann vom Gericht nur abgelehnt werden, wenn sie ungeeignet zur Ausübung dieses Amts ist. Während des Schutzschirmverfahrens kann die **Zwangsvollstreckung** in das Vermögen des Schuldners auf dessen Antrag unterbunden werden (§§ 270d Abs. 3, 21 Abs. 2 S. 1 Nr. 3 InsO).

16. Dürfen die Arbeitnehmer trotz Insolvenz streiken?

Ja. Auch die **Arbeitskampfrechte** werden durch das Insolvenzverfahren **nicht berührt.** Die Arbeitnehmer können streiken und der Insolvenzverwalter hat das Recht zur Aussperrung.

II. Typische Fragen der Betriebsratsmitglieder im Zusammenhang mit dem Insolvenzantrag des Arbeitgebers

Nachdem die ersten Fragen der Arbeitnehmer beantwortet sind, kommt der Gesamtbetriebsrat der Maier GmbH im Münchner Betriebsratsbüro zusammen, um die nächsten Schritte zu besprechen. Hierbei treten die verschiedene Fragen auf, die in diesem Kapitel beantwortet werden.

17. Gelten arbeitsrechtliche Bestimmungen auch in der Insolvenz?

Ja. Sämtliche **arbeitsrechtlichen Gesetze, tarifvertraglichen Bestimmungen, Betriebsvereinbarungen** sowie individuelle **arbeitsvertragliche Vereinbarungen** sind grds. während der unterschiedlichen Abschnitte des Insolvenzverfahrens bzw. des Insolvenzeröffnungsverfahrens anwendbar. Allerdings sind die **Sonderregelungen der insolvenzrechtlichen Bestimmungen** zu beachten. Die meisten Sonderregelungen im Fall der Insolvenz sind in der InsO zu finden. Hierbei sind insbesondere die **Kündigungsvorschriften** (→ *Frage 83: Welche Kündigungsfristen gelten im eröffneten Insolvenzverfahren?* ff.) zu beachten. Von Kündigungen oder Aufhebungsvereinbarungen zu unterscheiden sind Beendigungstatbestände durch Änderungen der faktischen Gegebenheiten im Zusammenhang mit der Insolvenz. Um solche Beendigungen geht es in diesem Abschnitt. Sie werden vorwiegend für tarifliche Regelungen relevant. Auch die **Bestimmungen der Arbeitsverhältnisse,** die in Tarifverträgen beziehungsweise in Tarifsozialplänen geregelt sind, **bleiben** während des Insolvenzverfahrens **grds. wirksam** (BAG 19.1.2000 – 4 AZR 911/98). Das bedeutet, dass sie nicht automatisch mit der Insolvenzantragstellung oder Insolvenzeröffnung enden. Die Mitgliedschaft des Insolvenzverwalters kann zwar in der Satzung des betreffenden **Arbeitgeberverbandes** ausgeschlossen werden, so dass er nicht mit Eröffnung des Insolvenzverfahrens Tarifvertragspartei wird. Dies hat aber keine Auswirkungen auf die Fortwirkung der **Tarifbindung,** die grds. nach § 3 Abs. 3 Tarifvertragsgesetz (TVG) solange weiter gilt, bis der Tarifvertrag endet. Allerdings kann es sein, dass einzelne Regelungen des Tarifvertrags im Insolvenzfall nicht mehr gelten. Wenn sich dies unmittelbar aus der Regelung selbst ergibt, ist diese Beschränkung grds. wirksam (BAG 19.1.2000 – 4 AZR 911/98). Wenn die Tarifbindung durch beidseitige Verbandsmitgliedschaft begründet wird und der Insolvenzverwalter die Mitgliedschaft im Arbeitgeberverband kündigt, bewirkt dies zunächst eine sog. Nachbindung § 3 Abs. 3 TVG. Anschließend, wenn der Tarifvertrag endet oder geändert wird, gilt nach § 4 Abs. 5 TVG die Nachwirkung des Tarifvertrags, bis dieser durch eine anderweitige Abmachung ersetzt wird. Während der **Nachbindung** nach § 3 Abs. 3 TVG kann der Arbeitgeber nicht die Arbeitsbedingungen der tarifgebundenen Arbeitnehmer abweichend vom Tarifvertrag zu deren Nachteil ändern. Genau diese Möglichkeit hat der Arbeitgeber aber bei einer **Nachwirkung** nach § 4 Abs. 5 TVG. Denn der Tarifvertrag verliert dann seine zwingende Wirkung. Die **Tarifbindung** kann allerdings entfallen, wenn der Betrieb infolge einer Umstrukturierung nicht mehr in den **Anwendungsbereich** des Tarifvertrags fällt. Die Tarifbindung bleibt grds. bei Abwicklungsarbeiten infolge einer Stilllegung bestehen, solange der (vorläufige) Insolvenzverwalter tarifgebundene Arbeitnehmer beschäftigt.

Praxistipp

Es ist genau zu prüfen, ob der Anwendungsbereich des Tarifvertrags oder Tarifsozialplans noch eröffnet ist. Weiterhin sollten die Arbeitnehmervertreter klären, ob in den Tarifverträgen Bestimmungen enthalten sind, die für den Fall der Insolvenz des Arbeitgebers nicht mehr gelten.

18. Wie findet man die relevanten Vorschriften in der Insolvenz des Arbeitgebers?

Zunächst sollte man über das **Stichwort- und Inhaltsverzeichnis in der InsO** nachsehen, ob diese Sonderregelungen für den fraglichen Sachverhalt enthält. Ist dies nicht der Fall, gelten grds. die allg. Bestimmungen des Betriebsverfassungsgesetzes (BetrVG), des Kündigungsschutzgesetzes (KSchG) oder anderer arbeitsrechtlicher sowie privatrechtlicher Gesetze. Das deutsche Insolvenzrecht ist kein abgeschlossener Rechtsbereich, sondern enthält im Wesentlichen abweichende Bestimmungen von Rechtsvorschriften anderer Rechtsgebiete. Daher beschränkt es sich auf einzelne Abweichungen vom allgemeinen Arbeitsrecht.

19. Woher bekommt der Betriebsrat erste Informationen über den Stand des Insolvenzverfahrens?

Beispiel

Die Maier GmbH hat 5.000 Mitarbeiter und damit mehr als 20 wahlberechtigte Arbeitnehmer.

Daher muss der Arbeitgeber (in §§ 106–113 BetrVG „Unternehmer“ genannt) bzw. der (vorläufige) Insolvenzverwalter den Betriebsrat über geplante **Betriebsänderungen** (→ *Frage 48: Muss der (vorläufige) Insolvenzverwalter mit dem Gesamtbetriebsrat einen Interessenausgleich verhandeln?*), die Nachteile für die Belegschaft oder wesentliche Teile der Belegschaft zur Folge haben können, rechtzeitig und umfassend nach § 111 BetrVG informieren. Der Arbeitgeber bzw. der (vorläufige) Insolvenzverwalter muss mit dem Betriebsrat die geplante Betriebsänderung beraten. Zu der Frage, wer **Arbeitgeber** im Insolvenzeröffnungsverfahren ist, → *Frage 21: Wer ist auf Arbeitgeberseite Ansprechpartner des Betriebsrats?*, → *Frage 28: Wer ist auf Arbeitgeberseite Ansprechpartner des Betriebsrats?*.

Beispiel

*Die Maier GmbH hat aber auch mehr als 100 ständig beschäftigte Arbeitnehmer. Daher ist bei der Maier GmbH ein **Wirtschaftsausschuss** nach § 106 BetrVG gebildet worden.*

Diesen hätte der Geschäftsführer vor der Stellung des Insolvenzantrags unterrichten müssen. Darüber hinaus muss der Geschäftsführer bzw. der (vorläufige) Insolvenzverwalter dem Wirtschaftsausschussdie wirtschaftlichen Umstände und die finanzielle Lage des Schuldnerunternehmens darlegen, die zum Insolvenzantrag geführt haben. Weiterhin muss der Wirtschaftsausschuss rechtzeitig und umfassend über die wirtschaftlichen Angelegenheiten der Maier GmbH unter Vorlage der relevanten Unterlagen informiert werden, soweit hierdurch nicht deren Betriebs- und Geschäftsgeheimnisse betroffen werden. Auch die Auswirkung auf die Personalplanung ist darzustellen. Insbesondere ist der Wirtschaftsausschuss über geplante **Betriebsstilllegungen** (→ *Frage 93: Was bedeuten Ansprüche auf Wiedereinstellung im Zusammenhang mit einem Betriebsübergang?*) oder Stilllegungen von Betriebsteilen, sowie über einen möglichen **Verkauf des Unternehmens** zu unterrichten. Der Wirtschaftsausschuss hat wiederum den Betriebsrat über die wirtschaftliche Lage der Maier GmbH zu informieren.

Praxistipp

***Wichtige Informationen** über das Insolvenzverfahren erhält der Betriebsrat **im Internet**. Die gerichtlichen Beschlüsse sind dort nämlich unter **www.insolvenzbekanntmachungen.de** veröffentlicht. Auf dieser allg. zugänglichen Seite sollten sich Arbeitnehmervertreter sofort nach Kenntnis von der Insolvenzantragstellung und darüber hinaus regelmäßig über den Stand des Insolvenzverfahrens informieren. Man braucht hierzu den Namen des schuldnerischen Unternehmens, das zuständige Insolvenzgericht und das Aktenzeichen. Das zuständige Insolvenzgericht ist dasjenige Amtsgericht, in dessen Bezirk der Schuldner seinen allgemeinen Gerichtsstand hat (§ 3 InsO). Für Mitglieder einer Unternehmensgruppe iSv § 3e InsO bestehden Besonderheiten in Form des Gruppen-Gerichtsstandes nach §§ 3a ff. InsO. Dort kann man auch das Aktenzeichen erfragen.*

20. Welche Aufgaben hat der vorläufige Insolvenzverwalter?

Das Insolvenzgericht muss nach Insolvenzantragstellung alle Maßnahmen treffen, die erforderlich erscheinen, um eine **nachteilige Entwicklung der Vermögenslage des Schuldners zu verhindern.** Diese Verpflichtung besteht zunächst, bis das Gericht über den Insolvenzantrag entscheidet. Eine Maßnahme zur Erfüllung dieser Aufgabe nach § 21 InsO ist die Bestellung eines vorläufigen Insolvenzverwalters.

Wie bereits unter → *Frage 7: Was sind die Ziele und Instrumente des Insolvenzverfahrens?* dargestellt ist, wird während des Insolvenzeröffnungsverfahrens im Regelinsolvenzverfahren grds. ein **vorläufiger Insolvenzverwalter** bestellt.

Der vorläufige Insolvenzverwalter ist nach § 21 Abs. 3 InsO zum Betreten der Geschäftsräume des insolventen Unternehmens berechtigt. Er darf dort Nachforschungen anstellen. Die Geschäftsführung der Maier GmbH muss ihm die erforderlichen Auskünfte erteilen und Einsicht in die Bücher und Geschäftspapiere gewähren. Weiterhin hat sie den vorläufigen Insolvenzverwalter bei der Erfüllung seiner Aufgaben zu unterstützen.

a) Der sog. **„schwache" vorläufige Insolvenzverwalter** (→ *Frage 21: Wer ist auf Arbeitgeberseite Ansprechpartner des Betriebsrats?*) hat in erster Linie die **Aufgabe,** das **Vermögen des Schuldners** bzw. des insolventen Unternehmens **zu sichern.** Meistens verhängt das Insolvenzgericht bereits während des Insolvenzeröffnungsverfahrens ein **Vollstreckungsverbot,** um sicherzugehen, dass nicht Forderungen einzelner Gläubiger noch (ggf. zu 100%) erfüllt werden. Denn nach Insolvenzantragstellung gibt es eine besondere Rangfolge für die Erfüllung von Ansprüchen und Sonderbestimmungen für die Verteilung des noch vorhandenen Vermögens (→ *Frage 8: Welche Arten von Ansprüchen gibt es in der Insolvenz?*).
b) Das Gericht kann einen allgemeinen oder besonderen **Zustimmungsvorbehalt** (→ *Frage 22: Wer ist zum Ausspruch von Kündigungen und Freistellungen berechtigt?*) anordnen. Dann führt der Geschäftsführer die Geschäfte des Unternehmens weiter, muss aber vor der jeweiligen Verfügung über das Vermögen die Zustimmung des vorläufigen Insolvenzverwalters einholen, zB, wenn er neue Ware bestellen will oder Reparaturen in Auftrag gibt.
c) Auf den sog. **„starken" vorläufigen Insolvenzverwalter** (→ *Frage 28: Wer ist auf Arbeitgeberseite Ansprechpartner des Betriebsrats?* ff.) geht die **Verwaltungs- und Verfügungsbefugnis** über, wenn es das Insolvenzgericht so anordnet. Er übernimmt grds. auch die Stellung des Arbeitgebers und zB die folgenden Aufgaben:

- die Sicherung und Erhaltung des schuldnerischen Vermögens,
- die Prüfung, ob das schuldnerische Vermögen die Kosten des Insolvenzverfahrens deckt,
- die Fortführung des schuldnerischen Unternehmens, soweit nicht das Gericht einer Stilllegung zustimmt, um eine erhebliche Vermögensverminderung zu vermeiden,
- soweit vom Gericht beauftragt: die Prüfung als **Sachverständiger,** ob ein **Insolvenzgrund** (→ *Frage 6: Was bedeutet Insolvenz?*) vorliegt,
- soweit vom Gericht beauftragt: die Prüfung als **Sachverständiger,** ob und inwieweit das Unternehmen voraussichtlich fortgeführt werden kann.

Soweit das Unternehmen fortgeführt wird, beginnt im Insolvenzeröffnungsverfahren bereits häufig die Suche nach einem Investor.

21. Wer ist auf Arbeitgeberseite Ansprechpartner des Betriebsrats?

Wer Arbeitgeber nach Insolvenzantragstellung ist, findet der Betriebsrat am besten heraus, indem er unter *www.insolvenzbekanntmachungen.de* den ersten Beschluss des Insolvenzgerichts liest. Nach diesem Beschluss ist im Insolvenzverfahren über das Vermögen der Maier GmbH zunächst **kein allgemeines Verfügungsverbot** nach § 22 Abs. 2 InsO angeordnet und damit ein sog. **schwacher vorläufiger Insolvenzverwalter** bestellt worden. Ist kein allgemeines Verfügungsverbot nach § 22 Abs. 2 InsO angeordnet, ist der vorläufige Insolvenzverwalter noch nicht Arbeitgeber. Die Bestellung eines **schwachen vorläufigen Insolvenzverwalters stellt den Regelfall** dar. Die Befugnis, über das Vermögen des Schulnders, einschließlich der zu dessen Unternehmen gehörenden Vermögenswerte, zu verfügen, verbleibt dann weitgehend bei der bisherigen Geschäftsführung. Das Gericht kann zwar die Wirksamkeit von Verfügungen des Arbeitsgebers von der Zustimmung des schwachen vorläufigen Insolvenzverwalters abhängig machen. Aber auch wenn das Gericht einen solchen **Zustimmungsvorbehalt** (→ *Frage 22: Wer ist zum Ausspruch von Kündigungen und Freistellungen berechtigt?*) verhängt, macht dies den schwachen vorläufigen Insolvenzverwalter **nicht** zum Arbeitgeber.

Praxistipp

Beim Lesen der gerichtlichen Beschlüsse ist das Folgende zu beachten: Nur der „starke" vorläufige Insolvenzverwalter ist bereits vor Eröffnung des Insolvenzverfahrens Arbeitgeber. Allerdings findet man den Begriff „starker" oder „schwacher" vorläufiger Insolvenzverwalter nicht in den gerichtlichen Beschlüssen. Dort wird nur der allgemeine Begriff des „vorläufigen Insolvenzverwalters" verwendet. Man muss beim Lesen der Beschlüsse daher darauf achten, ob ein ***„allgemeines Verfügungsverbot nach § 22 Abs. 1 InsO"*** *angeordnet worden ist. Denn nur dann ist ein „starker" vorläufiger Insolvenzverwalter bestellt, der bereits Arbeitgeber ist.*

22. Wer ist zum Ausspruch von Kündigungen und Freistellungen berechtigt?

Beispiel

Da das Gericht im Fall der Maier GmbH bisher ***kein*** *allgemeines Verfügungsverbot verhängt hat, bleibt der* ***bisherige Geschäftsführer*** *zunächst weiterhin Arbeitgeber, ist als solcher grds. den Arbeitnehmern gegenüber weisungsbefugt und kann Freistellungen und Kündigungen aussprechen.*

Grds. wird der **schwache vorläufige Insolvenzverwalter** (→ *Frage 20: Welche Aufgaben hat der vorläufige Insolvenzverwalter?*) auf den bisherigen Geschäftsführer in Bezug auf Kündigungen und Freistellungen Einfluss nehmen. Der schwache vorläufige Insolvenzverwalter hat keine Arbeitgeberstellung inne. Ist aber ein schwacher vorläufiger Insolvenzverwalter bestellt und ein **Zustimmungsvorbehalt** angeordnet, sind Kündigungen des Schuldners ohne Zustimmung des vorläufigen Insolvenzverwalters unwirksam (BAG 10.10.2002 – 2 AZR 532/01). Der schwache vorläufige Insolvenzverwalter hat **die Kompetenzen, die ihm das Insolvenzgericht** in dem Beschluss seiner Bestellung gesondert **zubilligt.** So kann das Gericht anordnen, dass Verfügungen des Schuldners nur mit Zustimmung des vorläufigen Insolvenzverwalters wirksam sind (§ 21 Abs. 2 S. 1 Nr. 2 Var. 2 InsO). In diesem Fall spricht man von einem **Zustimmungsvorbehalt.** Der Zustimmungsvorbehalt gilt nur für Verfügungen. Von **Verfügungen** spricht man nur bei Rechtshandlungen, durch die die Rechtslage unmittelbar geändert wird, also zB bei Kündigungen, die das Rechtsverhältnis beenden. **Anhörungen** des Betriebsrats und dergleichen stellen jedoch keine Verfügungen dar. Sie bedürfen daher auch bei Anordnung eines Zustimmungsvorbehalts keiner Zustimmung des vorläufigen Insolvenzverwalters.

Praxistipp

Welche Kompetenzen dem schwachen vorläufigen Insolvenzverwalter eingeräumt worden sind, kann man in den Beschlüssen des Insolvenzgerichts unter www.insolvenzbekanntmachungen.de herausfinden.

23. Welche Ansprüche werden bei der Bestellung des schwachen vorläufigen Insolvenzverwalters bezahlt?

Beispiel

Aufgrund der Tatsache, dass bei der Maier GmbH ein ***schwacher*** *vorläufiger Insolvenzverwalter bestellt worden ist, gilt das Folgende:*

Die meisten Ansprüche, die vor oder während des Insolvenzeröffnungsverfahrens entstehen, werden nicht mehr voll, sondern nur **anteilig** erfüllt. Bei den meisten Insolvenzverfahren erhalten die **Insolvenzgläubiger** nur noch **einen geringen Prozentsatz ihrer ursprünglichen Forderungen.** Dies gilt grds. auch für Lohnansprüche. Allerdings sind die Arbeitnehmer insoweit durch das **Insolvenzgeld** abgesichert. Ansprüche, die **vor Eröffnung des Insolvenzverfahrens** entstehen, nennt man **Insolvenzforderungen** (§ 38 InsO). Diese werden nur anteilig mit der **Insolvenzquote** befriedigt. Die Insolvenzquote errechnet sich aus der verbleibenden Vermögensmasse, nachdem vorrangige Rechte und Ansprüche (→ *Frage 8: Welche Arten von Ansprüchen gibt es in der Insolvenz?*) aus ihr erfüllt wurden und der Gesamtheit der Insolvenzforderungen. Inhaber von Insolvenzforderungen nennt man **Insolvenzgläubiger.** Durchschnittlich liegt die Insolvenzquote bei etwa 5%. Das heißt, dass die Inhaber von Insolvenzforderungen regelmäßig zu circa 95% mit ihren Forderungen leer ausgehen und nur etwa 5% des Wertes ihrer Forderung erhalten. Es kann aber auch passieren, insbesondere wenn **Masseunzulänglichkeit** (→ *Frage 77: Was bedeutet Masseunzulänglichkeit für Betriebsrat und Arbeitnehmer?*) angezeigt wird, dass die Insolvenzgläubiger mit ihren Insolvenzforderungen völlig leer ausgehen. Damit Insolvenzforderungen anteilig mit der Insolvenzquote befriedigt werden, müssen sie **nach Eröffnung des Insolvenzverfahrens** beim Insolvenzverwalter nach § 174 InsO zur Tabelle angemeldet werden. Forderungsanmeldungen, die vor Eröffnung des Insolvenzverfahrens erfolgen, müssen nach Eröffnung des Insolvenzverfahrens wiederholt werden. Muster für Forderungsanmeldungen findet man leicht im Internet und bekommt sie auch vom Insolvenzverwalter. Eine Ausnahme von der Unterteilung von Forderungen in Insolvenzforderungen und Masseansprüche besteht, wenn ein sog. **starker vorläufiger Insolvenzverwalter** (→ *Frage 20: Welche Aufgaben hat der vorläufige Insolvenzverwalter?*; → *Frage 28: Wer ist auf Arbeitgeberseite Ansprechpartner des Betriebsrats?*) bestellt wird. Dieser begründet grds. bereits vor Eröffnung des Insolvenzverfahrens Masseansprüche (→ *Frage 76: Wie werden die Arbeitnehmer nach Eröffnung des Insolvenzverfahrens bezahlt?*). Da im Fall der Maier GmbH allerdings ein **schwacher vorläufiger Insolvenzverwalter** (→ *Frage 21: Wer ist auf Arbeitgeberseite Ansprechpartner des Betriebsrats?*) bestellt ist, bleibt es zunächst dabei, dass die Ansprüche, die vor Eröffnung des Insolvenzverfahrens begründet worden sind, Insolvenzforderungen sind. Allerdings gibt es von dieser Einordnung in Insolvenzforderungen und Masseansprüchen weitere Ausnahmen, zB für **Gratifikationen** und **Sonderzahlungen.**

→ *Muster 1: Info-Schreiben zum Thema „Insolvenzgeld“*

→ *Muster 2: Info-Schreiben zum Thema „Welche Ansprüche werden in der Insolvenz noch erfüllt?“*

24. Wer trägt die Kosten für die Betriebsratstätigkeit?

Die **Kosten der Betriebsratstätigkeit** trägt weiterhin der **Arbeitgeber** nach § 40 BetrVG. Im Fall der Maier GmbH ist zunächst ein **schwacher vorläufiger Insolvenzverwalter** bestellt worden. Daher ist der bisherige Geschäftsführer weiterhin Arbeitgeber. Zu beachten ist allerdings, dass die Kosten, die vor Eröffnung des Insolvenzverfahrens entstanden sind, **Insolvenzforderungen** (→ *Frage 23: Welche Ansprüche werden bei der Bestellung des schwachen vorläufigen Insolvenzverwalters bezahlt?*) sind, also grds. nur mit der Insolvenzquote befriedigt werden (Fitting BetrVG § 40 Rn. 101). Wenn nur ein schwacher vorläufiger Insolvenzverwalter bestellt wurde, gilt dies auch für die Kosten des Betriebsrats, wie zB die Vergütungsansprüche eines vom Betriebsrat vor Insolvenzeröffnung beauftragten Rechtsanwalts (BAG 20.8.2014 – 7 ABR 60/12; BAG 9.12.2009 – 7 ABR 90/07; LAG RhPf 21.3.2013 – 2 TaBV 43/12).

Diese Rechtslage könnte die Gefahr bergen, die Bereitschaft von Rechtsanwälten, den Betriebsrat vor Insolvenzeröffnung zu beraten, zu dämpfen. Weiterhin könnten Auszahlungen vor Eröffnung des Insolvenzverfahrens unter den Voraussetzungen der §§ 129 ff. InsO anfechtbar sein. Das heißt, dass Zahlungen der Geschäftsführung oder des schwachen vorläufigen Insolvenzverwalters an die Rechtsanwälte des Betriebsrats nach Eröffnung des Insolvenzverfahrens vom Insolvenzverwalter nach § 143 InsO zurückgefordert werden könnten. Hinsichtlich der insolvenzrechtlichen **Anfechtung** wird auf die Ausführungen unter → *Frage 9: Was ist unter der insolvenzrechtlichen Anfechtung zu verstehen?* verwiesen. Nicht nur für die Berater des Betriebsrats, auch die Veranstalter von Schulungen, Seminaren oder anderen Betriebsratsveranstaltungen tragen diese Risiken. Bliebe es bei dieser

Rechtslage, könnte der Betriebsrat kaum noch einen Rechtsanwalt, Schulungsveranstalter und dergleichen finden. Die InsO sieht jedoch eine Möglichkeit vor, insolvenzsichere Geschäfte mit dem Schuldner auch in den Monaten vor Insolvenzeröffnung zu machen, das sog. **Bargeschäft** nach § 142 InsO. Wesentlich hierfür ist, dass die **Leistung,** die für den Schuldner erbracht wird, und die Bezahlung dieser Leistung aus der Insolvenzmasse **gleichwertig** sind und in **engem zeitlichem Zusammenhang** stehen. Sind die Voraussetzungen eines Bargeschäfts nach § 142 InsO erfüllt, kann die Bezahlung nur in dem Ausnahmefall der vorsätzlichen Gläubigerbenachteiligung unter den Voraussetzungen des § 133 InsO angefochten werden. Zu beachten ist auch, dass die Ansprüche eines zur Durchführung von Betriebsratstätigkeit oder Teilnahme an Schulungen freigestellten Betriebsratsmitglieds auf Fortzahlung des Arbeitsentgelts wie Lohnansprüche behandelt werden. Ist im Insolvenzeröffnungsverfahren nur ein schwacher vorläufiger Insolvenzverwalter bestellt, sind auch solche noch offenen Ansprüche grds. nur Insolvenzforderungen.

Praxistipp

Um zu gewährleisten, dass die Kosten für die Betriebsratstätigkeit gezahlt werden, sollte sich der Betriebsrat mit dem Arbeitgeber absprechen und auf einen möglichst zeitnahen Ausgleich hinwirken. Am sichersten ist die Vereinbarung von Vorkasse. Hierzu wird der schwache vorläufige Insolvenzverwalter bzw. der Geschäftsführer selten bereit sein. Wurde der Betriebsrat bereits vor der Insolvenzantragstellung anwaltlich beraten, sollte der Rechtsanwalt unbedingt in regelmäßigen Abständen Rechnungen stellen und auf den zeitnahen Zahlungseingang hinwirken.

→ *Muster 2: Info-Schreiben zum Thema „Welche Ansprüche werden in der Insolvenz noch erfüllt?“*

25. Gelten die Mitwirkungs- und Anhörungsrechte des Betriebsrats auch nach Stellung des Insolvenzantrags?

Die **Mitwirkungs-, Mitbestimmungs- und Anhörungsrechte** des Betriebsrats bleiben in der Insolvenz des Arbeitgebers unverändert bestehen. Insbesondere ist der Betriebsrat auch weiterhin vor Kündigungen nach § 102 BetrVG anzuhören (Fitting BetrVG § 102 Rn. 16). Bei **Freistellungen** selbst ist der Betriebsrat weder nach § 99 BetrVG noch nach § 102 BetrVG zu beteiligen. Mitbestimmungsrechte können sich zwar aus § 87 Abs. 1 Nr. 3 BetrVG ergeben, wenn man von einer Verkürzung der betriebsüblichen Arbeitszeit ausgehen kann. Insbesondere kann man in manchen Fällen wie folgt zu einer Mitbestimmung des Betriebsrats kommen: Schränkt der Arbeitgeber die Produktion ein oder legt er einen Betriebsteil still, kann in den Freistellungen der Beginn einer **Betriebsänderung** gesehen werden. Wenn der (vorläufige) Insolvenzverwalter eine geplante **Betriebsänderung** (→ *Frage 48: Muss der (vorläufige) Insolvenzverwalter mit dem Gesamtbetriebsrat einen Interessenausgleich verhandeln?*) durchführt, ohne zuvor mit dem Betriebsrat einen Interessenausgleich verhandelt zu haben und infolge der Maßnahme Arbeitnehmer entlassen werden, droht dem Arbeitgeber die Haftung aus § 113 Abs. 3 BetrVG auf **Nachteilsausgleich** (→ *Frage 51: Welche Folgen hat es, wenn der vorläufige Insolvenzverwalter im Insolvenzeröffnungsverfahren die Rechte des Betriebsrats nicht wahrt?*). Dies kommt wohl nur bei unwiderruflichen Freistellungen in Betracht.

Praxistipp

Im Zweifel sollte der Betriebsrat immer auf einer Beteiligung bestehen.

26. Sind Neuwahlen der Betriebsräte zulässig?

Beispiel

Bei der Maier GmbH gibt es einige Betriebe, die noch keinen Betriebsrat haben, bei denen aber Bestrebungen hierzu bestehen. Können diese noch nach Stellung des Insolvenzantrags Betriebsräte wählen?

(Neu-)Wahlen von Betriebsräten sind auch in der Insolvenz des Arbeitgebers nach allg. Bestimmungen **möglich.** Grds. sind Betriebsratswahlen selbstverständlich zu begrüßen. Allerdings stellt sich die Frage, ob der Zeitpunkt nach Insolvenzantragstellung für eine größere Kampagne in dieser Hinsicht geeignet ist. Benötigt das Unternehmen für seine Sanierung nämlich einen Investor, könnte ein solcher durch **eine Vielzahl** von Betriebsratswahlen, die damit verbundenen Kosten bzw. die Unruhe abgeschreckt werden. Dies könnte dann unter Umständen zum Verlust aller Arbeitsplätze beitragen. Um die Risiken in dieser Hinsicht abzuwägen, ist die Kenntnis der jeweiligen Umstände erforderlich. Die an einer Betriebsratswahl interessierten Arbeitnehmer sollten sich mit dem Wirtschaftsausschuss, der Gewerkschaft und dem Arbeitnehmervertreter im Gläubigerausschuss über die möglichen Folgen von Betriebsratswahlen für betriebsratslose Betriebe während der Suche nach einem Investor besprechen.

Zu beachten ist allerdings das Folgende: Die Verpflichtung des Insolvenzverwalters, den Betriebsrat gem. § 111 Abs. 1 S. 1 BetrVG über eine geplante Betriebsänderung zu unterrichten, diese mit ihm zu beraten und gem. § 112 Abs. 1 S. 1 BetrVG den Versuch eines Interessenausgleichs zu unternehmen, besteht auch dann, wenn der Betriebsrat zur Zeit der Eröffnung des Insolvenzverfahrens noch nicht bestand, sondern erst danach gewählt wurde. Wird ein Betriebsrat jedoch erst **nach dem Beginn von Betriebsänderungen** (→ *Frage 48: Muss der (vorläufige) Insolvenzverwalter mit dem Gesamtbetriebsrat einen Interessenausgleich verhandeln?*) gewählt, kann er weder die Verhandlungen eines **Interessenausgleichs** noch den Abschluss eines **Sozialplans** verlangen (Fitting BetrVG §§ 112, 112a Rn. 67). Entscheidend für die Verpflichtung des Arbeitgebers zur Unterrichtung, zur Beratung und zum Versuch eines Interessenausgleichs ist somit, dass der Betriebsrat in dem Zeitpunkt besteht, in welchem der Arbeitgeber mit der Durchführung der Betriebsänderung beginnt. Ein erst während der Durchführung der Betriebsänderung gewählter Betriebsrat kann weder den Versuch eines Interessenausgleichs noch den Abschluss eines Sozialplans verlangen (BAG 18.11.2003 – 1 AZR 30/03).

Praxistipp

Wenn Arbeitnehmer nach Insolvenzeröffnung einen Betriebsrat gründen wollen, sollten die Wahlen möglichst schnell durchgeführt werden, damit der Betriebsrat gegebenenfalls noch Verhandlungen des Interessenausgleichs und den Abschluss eines Sozialplans verlangen kann.

27. Wie kann die schnelle Handlungsfähigkeit des Betriebsrats gewährleistet werden?

Beispiel

Aufgrund des weiten Filialnetzes verfügt die Maier GmbH über eine Vielzahl von örtlichen Betriebsräten, die über ganz Deutschland verteilt sind. Daher stellen die Problemerörterung, die Sicherstellung der Handlungsfähigkeit sowie das Weiterleiten von Fragen und Informationen sehr langwierige Prozesse dar.

Um eine bessere Handlungsfähigkeit zu gewährleisten, schlägt der Gesamtbetriebsratsvorsitzende vor, einen **„Insolvenzausschuss“** zu bilden.

Der Insolvenzausschuss will sich insolvenzrechtlich schulen lassen. Über seine Schritte informiert er die örtlichen Betriebsräte.

Praxistipp

Besteht in dem insolventen Unternehmen eine Vielzahl von Betriebsratsbüros, die weit verteilt sind, und erschwert dies die Abstimmung und Kommunikation, bietet es sich an, einen „Insolvenzausschuss" zu gründen. Ein „Insolvenzausschuss" ist keine Einrichtung, die in einem Gesetz erwähnt wird.

Die Bitte an die Gewerkschaft um Unterstützung von Betriebsratbüros bei der Erstellung oder Verteilung von Informationsmaterial kann in manchen Fällen sinnvoll sein. Selbstverständlich sind die Gewerkschaften hierzu nicht verpflichtet. Je mehr Gewerkschaftsmitglieder in dem Unternehmen beschäftigt sind, umso größer ist die Wahrscheinlichkeit für eine solche Unterstützung. Der Betriebsrat kann auch beim (vorläufigen) Insolvenzverwalter um entsprechende Unterstützung bitten.

III. Die Bestellung eines starken vorläufigen Insolvenzverwalters

Das Insolvenzgericht hat im Insolvenzeröffnungsverfahren über das Vermögen der Maier GmbH inzwischen ein **allgemeines Verfügungsverbot** verhängt. Damit wurde der bisher **schwache vorläufige Insolvenzverwalter** (→ *Frage 21: Wer ist auf Arbeitgeberseite Ansprechpartner des Betriebsrats?*) zum **starken vorläufigen Insolvenzverwalter** (→ *Frage 20: Welche Aufgaben hat der vorläufige Insolvenzverwalter?*). Der Gesamtbetriebsrat tagt anlässlich dieses Ereignisses und fragt sich, was sich hierdurch geändert hat.

28. Wer ist auf Arbeitgeberseite Ansprechpartner des Betriebsrats?

Beispiel

Nach gerichtlichem Beschluss ist im Insolvenzverfahren über das Vermögen der Maier GmbH inzwischen doch ein ***allgemeines Verfügungsverbot*** *nach §§ 21 Abs. 2 S. 1 Nr. 2 Alt. 1, 22 Abs. 1 InsO angeordnet und ein starker vorläufiger Insolvenzverwalter bestellt worden.*

Ist ein allgemeines Verfügungsverbot nach § 22 Abs. 1 InsO angeordnet, ist der **starke vorläufige Insolvenzverwalter** bereits **Arbeitgeber** und als solcher Ansprechpartner für den Betriebsrat (→ *Frage 20: Welche Aufgaben hat der vorläufige Insolvenzverwalter?* ff.). Die Anordnung des allgemeinen Verfügungsverbots führt dazu, dass der starke vorläufige Insolvenzverwalter und nicht mehr der bisherige Geschäftsführer über die Vermögensgegenstände der Maier GmbH verfügen darf.

29. Ist der starke vorläufige Insolvenzverwalter zum Ausspruch von Kündigungen und Freistellungen berechtigt?

Der starke vorläufige Insolvenzverwalter – und nicht mehr der Geschäftsführer – ist nun zum Ausspruch von **Freistellungen und Kündigungen berechtigt** und zur Ausstellung von Zeugnissen verpflichtet (BAG 23.6.2004 – 10 AZR 495/03).

Zu Freistellungen ist der starke vorläufige Insolvenzverwalter berechtigt, wenn eine sinnvolle Beschäftigung nicht mehr möglich ist.

30. Welche Ansprüche werden bei der Bestellung des starken vorläufigen Insolvenzverwalters vollständig und welche teilweise bezahlt?

Wenn ein **starker vorläufiger Insolvenzverwalter** die Arbeitsleistung der Arbeitnehmer entgegengenommen hat, muss er diese auch in voller Höhe vergüten. Die Lohn- und Gehaltsansprüche der Arbeitnehmer sind dann **Masseansprüche** nach § 55 Abs. 2 InsO (→ *Frage 76: Wie werden die Arbeitnehmer nach Eröffnung des Insolvenzverfahrens bezahlt?*). Voraussetzung dafür, dass der vorläufige Insolvenzverwalter die Arbeitsleistung **entgegengenommen** hat, ist, dass er den jeweiligen Arbeitnehmer **nicht freigestellt** hat. Hat der vorläufige Insolvenzverwalter die Leistung der Arbeitnehmer nicht in Anspruch genommen, insbesondere durch dessen Freistellung während des Laufs einer Kündigungsfrist, bleiben die Ansprüche des Arbeitnehmers einfache Insolvenzforderungen, werden also nur mit der Insolvenzquote befriedigt. Allerdings erhalten die Arbeitnehmer regelmäßig bis zur Eröffnung des Insolvenzverfahrens **Insolvenzgeld.** Für die Zeit nach Eröffnung des Insolvenzverfahrens sind diese Ansprüche, sofern das Arbeitsverhältnis dann noch besteht, allerdings wieder Masseansprüche.

Praxistipp

Vor Insolvenzeröffnung freigestellte Mitarbeiter müssen sich sofort an ihre Agentur für Arbeit wenden und beraten lassen. Ihnen steht grds. ein Anspruch auf Insolvenzgeld und anschließend auf Arbeitslosengeld zu.

→ *Muster 1: Info-Schreiben zum Thema „Insolvenzgeld"*

→ *Muster 2: Info-Schreiben zum Thema „Welche Ansprüche werden in der Insolvenz noch erfüllt?"*

31. Trägt der starke vorläufige Insolvenzverwalter die Kosten der Betriebsratstätigkeit?

Die Kosten für die Betriebsratstätigkeit trägt weiterhin der Arbeitgeber nach § 40 BetrVG. Zu der Frage, wer Arbeitgeber ist, wird auf die Ausführungen unter → *Frage 20: Welche Aufgaben hat der vorläufige Insolvenzverwalter?* und → *Frage 28: Wer ist auf Arbeitgeberseite Ansprechpartner des Betriebsrats?* verwiesen. Zu beachten ist allerdings das Folgende: Die vor Eröffnung des Insolvenzverfahrens entstandenen Betriebsratskosten stellen grds. **Insolvenzforderungen** dar, werden also nur anteilig mit der Insolvenzquote befriedigt. Dies gilt in der Mehrzahl der Insolvenzeröffnungsverfahren, in denen nur ein **schwacher vorläufiger Insolvenzverwalter** (→ *Frage 20: Welche Aufgaben hat der vorläufige Insolvenzverwalter?*) bestellt worden ist.

Beispiel

Inzwischen hat das Gericht allerdings im Insolvenzeröffnungsverfahren über das Vermögen der Maier GmbH ein allgemeines Verfügungsverbot verhängt und einen ***starken vorläufigen Insolvenzverwalter*** *bestellt. Dieser ist dazu berechtigt, auch in Bezug auf Betriebsratskosten* ***Masseansprüche*** *zu begründen, die grds. in voller Höhe erfüllt werden (BAG 20.8.2014 – 7 ABR 60/12; BAG 9.12.2009 – 7 ABR 90/07; LAG RhPf 21.3.2013 – 2 TaBV 43/12).*

Ansprüche eines zur Durchführung von Betriebsratstätigkeit oder Teilnahme an Schulungen freigestellten Betriebsratsmitglieds auf Fortzahlung des Arbeitsentgelts werden wie Lohnansprüche behandelt. Ist während des Insolvenzeröffnungsverfahrens ein starker vorläufiger Insolvenzverwalter bestellt, stellen diese Forderungen Masseansprüche dar, die in voller Höhe erfüllt werden.

Praxistipp

Ist ein starker vorläufiger Insolvenzverwalter bestellt, sollte sich der Betriebsrat die Kosten für seine Betriebsratstätigkeit vor Durchführung der jeweiligen Maßnahme (Schulungen, Beauftragung von Rechtsberatern usw) ***schriftlich von diesem genehmigen lassen.***

→ *Muster 2: Info-Schreiben zum Thema „Welche Ansprüche werden in der Insolvenz noch erfüllt?"*

IV. Der (vorläufige) Gläubigerausschuss

Die Einberufung des vorläufigen Gläubigerausschusses ist wie die Bestellung des vorläufigen Insolvenzverwalters eine Maßnahme des Insolvenzgerichts nach § 21 InsO, um während des Insolvenzeröffnungsverfahrens eine Verschlechterung der Vermögenslage des Schuldners zu vermeiden. Der Gesamtbetriebsrat der Maier GmbH überlegt, auf die Bestellung seines Rechtsanwalts als eigenen Vertreter in den vorläufigen Gläubigerausschuss hinzuwirken. Zunächst informiert sich der Gesamtbetriebsrat aber über dieses Gremium und seine Aufgaben. Insbesondere möchte der Gesamtbetriebsrat wissen, welche Vorteile es für ihn hat, einen eigenen Vertreter im Gläubigerausschuss zu stellen und wie er gegebenenfalls vorgehen muss, um dies zu erreichen.

32. Welche Funktion hat der (vorläufige) Gläubigerausschuss?

Der **vorläufige Gläubigerausschuss** hat – wie nach Eröffnung des Insolvenzverfahrens der **Gläubigerausschuss** – insbesondere die Aufgaben, den Insolvenzverwalter bei seiner Geschäftsführung zu überwachen und zu unterstützen, sich über den Gang der Geschäfte zu unterrichten, Bücher und Geschäftspapiere einzusehen sowie den Geldverkehr und -bestand prüfen zu lassen (§ 69 InsO). Weiterhin obliegt ihm die **Zustimmung** zu besonders wichtigen Rechtshandlungen, zB gem. § 160 InsO dem **Abschluss eines Sozialplans,** sowie gem. § 158 Abs. 1 InsO bei Unternehmensstilllegungen oder -veräußerungen vor dem **Berichtstermin** (→ *Frage 73: Was ist der Berichtstermin?*).

Nach der seit dem 1.3.2012 bestehenden Rechtslage können die Gläubiger mittels des vorläufigen Gläubigerausschusses gem. **§ 56a InsO über die Person des Insolvenzverwalters mitbestimmen.** Nach § 56a Abs. 2 S. 1 InsO darf das Insolvenzgericht von einem einstimmigen Vorschlag des vorläufigen Gläubigerausschusses zur Person des Insolvenzverwalters nur abweichen, wenn die vorgeschlagene Person für die Übernahme des Amtes nicht geeignet ist.

33. Unter welchen Voraussetzungen wird ein (vorläufiger) Gläubigerausschuss bestellt?

Die Weichen für den Ablauf des Insolvenzverfahrens werden regelmäßig bereits vor dessen Eröffnung gestellt. Während dieses Zeitraums kann – bzw. muss – nach den **Voraussetzungen** des § 22a InsO ein vorläufiger Gläubigerausschuss bestellt werden:

Danach **muss** das Insolvenzgericht einen vorläufigen Gläubigerausschuss einsetzen, wenn beim Schuldner im vorangegangenen Geschäftsjahr mindestens zwei der drei folgenden Voraussetzungen erfüllt waren (§ 22a Abs. 1 InsO):

- Die Bilanzsumme muss mindestens 6.000.000 EUR betragen.
- Die Umsatzerlöse müssen mindestens 12.000.000 EUR betragen.
- Im Jahresdurchschnitt muss das Unternehmen mindestens 50 Arbeitnehmer gehabt haben.

Wenn die oben genannten Voraussetzungen nicht erfüllt sind, ist das Insolvenzgericht zwar nicht zur Einsetzung eines vorläufigen Gläubigerausschusses verpflichtet. Allerdings **soll** es auf Antrag des Schuldners, des vorläufigen Insolvenzverwalters oder eines Gläubigers einen vorläufigen Gläubigerausschuss einsetzen, wenn Personen benannt werden, die als Mitglieder des vorläufigen Gläubigerausschusses in Betracht kommen und dem Antrag Einverständniserklärungen der benannten Personen beigefügt werden (§ 22a Abs. 2 InsO). Auch wenn die Voraussetzungen für die Einsetzung eines vorläufigen Gläubigerausschusses grds. vorliegen, kann die Ausnahmevorschrift des § 22a Abs. 3 InsO eingreifen und von der **Einsetzung eines vor-**

läufigen Gläubigerausschusses abzusehen sein. Eine solche Ausnahme liegt vor, wenn der Geschäftsbetrieb des Schuldners eingestellt ist. Die Einsetzung des vorläufigen Gläubigerausschusses muss ferner unterbleiben, wenn sie in Hinblick auf die zu erwartende Insolvenzmasse unverhältnismäßig ist oder die mit ihr verbundene Verzögerung zu einer nachteiligen Veränderung der Vermögenslage des Schuldners führt.

34. Wer wird im (vorläufigen) Gläubigerausschuss vertreten?

Im (vorläufigen) Gläubigerausschuss sind die **Großgläubiger** des insolventen Unternehmens vertreten, dies sind regelmäßig Banken, Rückversicherer, das Finanzamt, Hedgefonds, absonderungsberechtigte Gläubiger, die Arbeitsagentur und der Pensionssicherungsverein. Darüber hinaus soll diesem Gremium auch ein **Arbeitnehmervertreter** angehören. Die **Arbeitsagentur** ist meistens im Gläubigerausschuss vertreten, weil im Fall der Insolvenzgeldzahlung die entsprechenden Lohnansprüche der Arbeitnehmer auf sie übergehen.

→ *Muster 1: Info-Schreiben zum Thema „Insolvenzgeld"*

35. Kann der Gesamtbetriebsrat einen Vertreter in den (vorläufigen) Gläubigerausschuss entsenden?

Früher war die **Rechtslage** in dieser Frage **nicht eindeutig:** Nach der Gesetzeslage seit dem 1.3.2012 war nur geregelt, dass Gläubiger in dem (vorläufigen) Gläubigerausschuss vertreten sein **dürfen.** Daher bestand Rechtsunsicherheit dahingehend, ob Vertreter von Gewerkschaften und Betriebsräten, die keine Gläubigerstellung innehaben, wie nach der Rechtslage zuvor, als Mitglied des vorläufigen Gläubigerausschusses bestellt werden können.

Zum Hintergrund: Seit der Änderung der InsO durch das „Gesetz zur Erleichterung der Sanierung von Unternehmen" (ESUG) zum 1.3.2012 verwies § 21 Abs. 2 S. 1 Nr. 1a InsO hinsichtlich der Besetzung des vorläufigen Gläubigerausschusses nur noch auf § 67 Abs. 2 InsO und nicht mehr auf dessen Abs. 3. In § 67 Abs. 3 InsO ist jedoch geregelt, dass zu den Mitgliedern des Gläubigerausschusses auch Personen gewählt werden können, die keine Gläubiger sind. Demgegenüber wird in § 67 Abs. 2 InsO nur die Vertretung von Gläubigern im Gläubigerausschuss geregelt. Infolge der Gesetzesänderung durch das Gesetz zur Fortentwicklung des Sanierungs- und Insolvenzrechts (SanInsFoG) zum 1.1.2021 ist – durch Verweis auf § 67 Abs. 3 InsO – klargestellt, dass auch Personen zu Mitgliedern des vorläufigen Gläubigerausschusses bestellt werden können, die keine Gläubiger sind, was nach der Gesetzesbegründung insbesondere für Vertreter von Gewerkschaften gelten soll.

36. Wie kann der Gesamtbetriebsrat erreichen, dass für ihn ein Vertreter in den (vorläufigen) Gläbigerausschuss bestellt wird?

Dass die Arbeitnehmer im (vorläufigen) Gläubigerausschuss in ihrer Gesamtheit vertreten sind, ist zur Wahrung ihrer Interessen von **wesentlicher Bedeutung.**

Praxistipp

Daher sollte sich der Gesamtbetriebsrat möglichst schnell mit dem Vorschlag einer bestimmten Person als Mitglied für den Gläubigerausschuss an das Gericht wenden und die weitere Vorgehensweise mit ihm besprechen.

Der (vorläufige) Gläubigerausschuss übt **bedeutende Funktionen** aus (→ *Frage 68: Was muss bei Abschluss des Transfersozialplans beachtet werden?*). Hierzu müssen die Mitglieder des (vorläufigen) Gläubigerausschusses über wichtige Informationen verfügen, die sonst auch für Arbeitnehmervertreter nicht immer leicht zu bekommen sind. Auch wenn der Arbeitnehmervertreter im vorläufigen Gläubigerausschuss diese Informationen nicht immer weitergeben darf, kann er dem Betriebsrat aufgrund dieser besonderen Kenntnisse Ratschläge bei Entscheidungen geben.

Zum 1.3.2012 ist mit dem „Gesetz zur weiteren Erleichterung der Sanierung von Unternehmen“ (ESUG) für den vorläufigen Gläubigerausschuss die Möglichkeit geschaffen worden, dem Gericht einen **einstimmigen Vorschlag für die Person des Insolvenzverwalters** zu unterbreiten. Von einem solchen Vorschlag darf das Gericht nur abweichen, wenn die vorgeschlagene Person für die Übernahme des Amtes nicht geeignet ist (§ 56a Abs. 2 InsO).

Ohne die Stimme der Arbeitnehmervertreter im vorläufigen Gläubigerausschuss kann somit kein einstimmiger Vorschlag über die Person des Insolvenzverwalters erfolgen. Dies ist vor dem Hintergrund wichtig, dass der Betriebsrat somit in der Lage ist, mögliche **Interessenkonflikte** und ggf. Missbrauch zu verhindern bzw. diesen entgegenzuwirken. So wird lt. ESUG die erforderliche Unabhängigkeit der Person des Insolvenzverwalters nicht schon dadurch ausgeschlossen, dass sie den **Schuldner vor der Insolvenzantragstellung in allg. Form über den Ablauf und die Folgen des Insolvenzverfahrens beraten** hat (§ 56 Abs. 1 S. 4 Nr. 2 InsO).

Diese Regelung ist va insofern sinnvoll, als der betreffende Berater, der das schuldnerische Unternehmen und seine Krisenlage bereits kennengelernt hat, einen Wissens- und somit Zeitvorsprung vor anderen Kandidaten hat, der für die Sanierung nutzbar gemacht werden kann.

Von erheblicher Problematik kann demgegenüber der Perspektivwechsel sein, den der betreffende Kandidat von der Schuldnerberatung zur Insolvenzverwaltung zu vollziehen hat. So hat der Schuldner im Vorfeld der Insolvenz typischerweise großen Beratungsbedarf für die Zwecke der Vermeidung von straf- und zivilrechtlicher Haftung, insbes. wegen möglicher Überschreitung der Frist für den Insolvenzantrag nach § 15a InsO oder wegen Ansprüchen auf Rückerstattung von im Vorfeld der Insolvenz übertragenen Vermögensgegenständen nach Insolvenzanfechtungsrecht (§§ 129 ff. InsO). Demgegenüber ist es jedoch Aufgabe des Insolvenzverwalters, gerade derlei Ansprüche gegen den Schuldner bzw. dessen Geschäftsführer zu verfolgen.

In diesem Fall muss das Gericht die (vorläufige) Eigenverwaltung nach §§ 270b Abs. 1 bzw. 270f InsO anordnen (sofern die sonstigen Verfahrensvoraussetzungen vorliegen). Befürchtet der Betriebsrat Nachteile für die Gläubiger infolge der Eigenverwaltung kann er somit verhindern, dass das Gericht dieses sachlich ungeprüft anordnen muss, indem er im vorläufigen Gläubigerausschuss dagegenstimmt.

Allerdings ist mit einem solchen einstimmigen Beschluss große Eile geboten.

Das Gericht hat nämlich nach § 56a Abs. 1 InsO dem vorläufigen Gläubigerausschuss vor der Bestellung eines Insolvenzverwalters nur dann Gelegenheit zu geben, sich zu den Anforderungen, die an diesen zu stellen sind, und zu dessen Person zu äußern, soweit eine solche Anhörung nicht offensichtlich zu einer nachteiligen Veränderung der Vermögenslage des Schuldners führt. Die Regelung des § 56a InsO gilt auch für den vorläufigen Sachwalter im Eröffnungsverfahren des Eigenverwaltungs- und Schutzschirm- bzw. Planverfahrens (§§ 270b Abs. 2, 270a Abs. 1, 274 Abs. 1 InsO).

Für diese Prognose ist dem Gericht nach der seit 1.1.2021 bestehenden Gesetzeslage eine Frist von nur **zwei Werktagen** gesetzt. Es dürfte aber in der Praxis sehr schwierig sein, innerhalb dieser kurzen Frist ein solches Votum des vorläufigen Gläubigerausschusses (in Form eines schriftlichen einstimmigen Vorschlags zur Person des Insolvenzverwalters) – und als Voraussetzung dafür überhaupt die Konstituierung dieses Ausschusses – zu bewerkstelligen (Hamburger Kommentar zum Insolvenzrecht/Frind, 9. Aufl. 2022, InsO § 56a Rn. 20).

Sofern der Arbeitnehmervertreter – insbes. vor dem o. g. Hintergrund – Zweifel an der Unabhängigkeit oder sonstigen Geeignetheit der als Insolvenzverwalter vorgeschlagen Person hat, kann er somit einen betreffenden einstimmigen Beschluss im vorläufigen Gläubigerausschuss verhindern. Das Gericht kann dann über die Person des Insolvenzverwalters nach Maßgabe von § 56 InsO frei entscheiden.

Auch im Rahmen des einstimmigen Beschlusses betreffend die Zustimmung zum Antrag auf **Eigenverwaltung** (→ *Frage 13: Was ist unter Eigenverwaltung zu verstehen?*) kann dem Arbeitnehmervertreter im (vorläufigen) Gläubigerausschuss maßgebliche Bedeutung zukommen.

So ist – nach der Rechtslage seit dem 1.3.2012 – vor der gerichtlichen Entscheidung über den **Antrag auf Eigenverwaltung** grds dem vorläufigen Gläubigerausschuss Gelegenheit zur Äußerung zu geben. Wenn dieser Antrag von einem **einstimmigen Beschluss des vorläufigen Gläubigerausschusses**

unterstützt wird, gilt die Anordnung der Eigenverwaltung nicht als nachteilig für die Gläubiger (§ 270b Abs. 3 S. 3 InsO).

Im Interesse der Wahrung der Unabhängigkeit des Insolvenzverwalters ist per 1.1.2021 geregelt worden, dass, wer als Restrukturierungsbeauftragter oder Sanierungsmoderator in einer Restrukturierungssache des Schuldners tätig war, wenn der Schuldner mindestens zwei der drei in § 22a Abs. 1 InsO genannten Voraussetzungen erfüllt, nur dann zum Insolvenzverwalter bestellt werden kann, wenn der vorläufige Gläubigerausschuss zustimmt (§ 56 Abs. 2 S. 1 InsO).

Praxistipp

Der Gesamtbetriebsrat hat keinen Anspruch darauf, im (vorläufigen) Gläubigerausschuss vertreten zu sein. Daher sollte der Gesamtbetriebsrat dem Gericht Gründe für eine eigene Vertretung darlegen. Im vorliegenden Fall spricht hierfür die Tatsache, dass die Maier GmbH eine sehr starke Betriebsratsstruktur hat. Die meisten Betriebe der Maier GmbH haben einen Betriebsrat.

37. Können ein Vertreter des Gesamtbetriebsrats und ein Vertreter der Gewerkschaft in den (vorläufigen) Gläubigerausschuss bestellt werden?

Beispiel

Der Gesamtbetriebsrat der Maier GmbH hat festgestellt, dass bereits ein Vertreter der Gewerkschaft ver.di in den (vorläufigen) Gläubigerausschuss bestellt werden soll. Damit wäre den gesetzlichen Anforderungen der §§ 21 Abs. 2 S. 1 Nr. 1a, 67 Abs. 2 S. 2 InsO entsprochen. Denn ein Arbeitnehmervertreter ist dann im (vorläufigen) Gläubigerausschuss vertreten. Der Gesamtbetriebsrat möchte nun wissen, ob das Gericht trotzdem einen eigenen Vertreter für den Gesamtbetriebsrat in den (vorläufigen) Gläubigerausschuss bestellen darf.

Obwohl bereits ein Vertreter für ver.di in den (vorläufigen) Gläubigerausschuss gewählt werden soll, kann der Gesamtbetriebsrat versuchen, die Bestellung eines eigenen Vertreters in dieses Gremium zu erreichen. Je höher die Arbeitnehmerzahl und die Zahl der Betriebsräte ist, umso besser stehen die Chancen hierfür.

Praxistipp

Schlägt der Gesamtbetriebsrat im vorliegenden Fall eine sehr gewerkschaftsnahe Person als Gläubigerausschussmitglied vor, besteht das Risiko, dass das Gericht diese Person ablehnt. Denn dann besteht die Gefahr einer Doppelvertretung. Die gewerkschaftlich organisierten Arbeitnehmer werden ja schließlich bereits durch den ver.di-Vertreter repräsentiert.

Hinsichtlich der Bestellung der Mitglieder des (vorläufigen) Gläubigerausschusses hat das **Gericht** einen **Ermessensspielraum.** In manchen Insolvenzverfahren werden sowohl Vertreter der Gewerkschaft als auch Vertreter des Gesamtbetriebsrats in den (vorläufigen) Gläubigerausschuss bestellt. Es gibt aber auch Insolvenzverfahren, in denen nur die Agentur für Arbeit vertreten ist. Manche Gerichte halten dies als Vertretung der Arbeitnehmer für ausreichend. Dies ist jedoch bedenklich. Die Arbeitsagentur hat nämlich als Hauptgläubigerin regelmäßig ein großes Interesse an der Befriedigung ihrer Ansprüche, was den Bestrebungen zum Erhalt von Arbeitsplätzen entgegenstehen kann.

Der Gesamtbetriebsrat sollte möglichst bald nach der Stellung des Insolvenzantrags die folgende **Checkliste** für seine Vorgehensweise prüfen:

1. Soll die Bildung eines **Insolvenzausschusses** (→ *Frage 27: Wie kann die schnelle Handlungsfähigkeit des Betriebsrats gewährleistet werden?*) eingeleitet werden?
2. Hat der Wirtschaftsausschuss Kontakt zum vorläufigen Insolvenzverwalter aufgenommen und seinen **Informationsanspruch** geltend gemacht? Der Wirtschaftsausschuss soll insbesondere auch den Insolvenzausschuss und den Gesamtbetriebsrat informieren.
3. Der Gesamtbetriebsratsvorsitzende sollte möglichst bald um einen **Termin mit dem vorläufigen Insolvenzverwalter** bitten, um die wirtschaftliche Situation des Unternehmens zu besprechen. Insbesondere soll geklärt werden, ob die Gehälter für die nächsten Monate gezahlt werden, bzw. ob das Insolvenzgeld vorfinanziert wird. Weiterhin sollte um eine erste Einschät-

zung gebeten werden, wie sicher die Arbeitsplätze sind und ob und inwieweit es zu Kündigungen und **Betriebsstilllegungen** (→ *Frage 88: Ist die Änderungskündigung zur Entgeltabsenkung in der Insolvenz zulässig?*) kommen wird.

4. Wird voraussichtlich ein **vorläufiger Gläubigerausschuss** eingerichtet? Wenn ja, sollte der Gesamtbetriebsrat umgehend Kontakt zum Insolvenzgericht aufnehmen, um die Bestellung seines Vertreters in den vorläufigen Gläubigerausschuss zu erreichen. Zuvor muss geklärt werden, ob die dafür vorgesehene Person hierzu bereit wäre und eine entsprechende Einverständniserklärung unterschreibt.
5. Der Gesamtbetriebsrat macht einen **Termin mit der Gewerkschaft** aus, um die Situation zu besprechen. Hierbei bittet er um Unterstützung bei der Weiterleitung von Informationsmaterial an alle örtlichen Betriebsräte.

V. Erstellen von Info-Schreiben an Betriebsräte und Arbeitnehmer

Der Insolvenzausschuss (→ *Frage 27: Wie kann die schnelle Handlungsfähigkeit des Betriebsrats gewährleistet werden?*) und der Gesamtbetriebsrat erstellen Musterbriefe zu den wichtigsten insolvenzrechtlichen Themen, um die Betriebsräte und Arbeitnehmer zu informieren.

→ *Muster 1: Info-Schreiben zum Thema „Insolvenzgeld"*
→ *Muster 2: Info-Schreiben zum Thema „Welche Ansprüche werden in der Insolvenz noch erfüllt?"*
→ *Muster 3: Info-Schreiben: „Folgen der Insolvenz des Arbeitgebers für Altersteilzeitbeschäftigte"*

38. Wann und unter welchen Bedingungen erhalten die Arbeitnehmer Insolvenzgeld?

Inzwischen ist im Insolvenzverfahren über das Vermögen der Maier GmbH der Insolvenzausschuss gebildet worden. Dessen Mitglieder wurden auch in den wesentlichen Aspekten des Insolvenzarbeitsrechts geschult. Die erste Aufgabe des Insolvenzausschusses und des Gesamtbetriebsrats besteht darin, die örtlichen Betriebsräte über die Bedeutung des Insolvenzgeldes im Allgemeinen und über die Bemühungen des vorläufigen Insolvenzverwalters, dieses vorzufinanzieren, zu informieren.

Kurze Zeit nachdem der Gesamtbetriebsrat die Musterbriefe zum Insolvenzgeld versandt hat, konnte der vorläufige Insolvenzverwalter erreichen, dass die Arbeitsagentur der **Vorfinanzierung des Insolvenzgeldes** zustimmt. Den Arbeitnehmern werden vom vorläufigen Insolvenzverwalter entsprechende Abtretungsvereinbarungen mit der die Forderungen gegen die Arbeitsagentur kaufenden Bank zugesandt. Nachdem die unterschriebenen Abtretungserklärungen zurückgeschickt worden sind, erhalten die Arbeitnehmer während des Insolvenzeröffnungsverfahrens vorfinanzierte Insolvenzgeldzahlungen.

→ *Muster 1: Info-Schreiben zum Thema „Insolvenzgeld"*

39. Werden Ansprüche in der Insolvenz noch erfüllt?

Seit der Insolvenzantragstellung wenden sich viele Arbeitnehmer an ihre Betriebsräte, um zu erfahren, ob ihre Ansprüche noch einen Wert haben. Da die Beantwortung dieser Fragen kompliziert ist, erstellt der Insolvenzausschuss und der Gesamtbetriebsrat ein weiteres Info-Schreiben, das den Betriebsräten hierbei helfen soll. Ist eine Forderung eine **Insolvenzforderung** (→ *Frage 23: Welche Ansprüche werden bei der Bestellung des schwachen vorläufigen Insolvenzverwalters bezahlt?*), wird sie nur mit der Insolvenzquote erfüllt, die im Durchschnitt bei etwa 5% liegt. Handelt es sich dagegen um einen **Masseanspruch,** wird sie grds. zu 100% erfüllt.

→ *Muster 2: Info-Schreiben zum Thema „Welche Ansprüche werden in der Insolvenz noch erfüllt?“*

→ *Muster 8: Unterscheidung von Gehaltsforderungen in Masseansprüche und Insolvenzforderungen*

→ *Muster 9: Unterscheidung von Jahresleistungen und Gratifikationen in Masseansprüche und Insolvenzforderungen*

40. Was bedeutet die Insolvenz des Arbeitgebers für Altersteilzeitbeschäftigte?

Immer wieder fragen Beschäftigte in **Altersteilzeit** beim Betriebsrat nach, welche Folgen die Insolvenz für sie hat. Da die Rechtslage im Einzelfall kompliziert sein kann, beschließt der Gesamtbetriebsrat, ein Info-Schreiben zu diesem Thema zu verfassen.

→ *Muster 3: Info-Schreiben: „Folgen der Insolvenz des Arbeitgebers für Altersteilzeitbeschäftigte“*

VI. Vorbereitung des Gesprächs mit dem vorläufigen Insolvenzverwalter über die wirtschaftliche Situation des Unternehmens und seine nächsten Schritte

Der Vorsitzende des Gesamtbetriebsrats hat einen Termin mit dem vorläufigen Insolvenzverwalter, um sich über die wirtschaftliche Lage der Maier GmbH zu informieren.

Praxistipp

(Vorläufige) Insolvenzverwalter haben einen sehr engen Zeitplan. Betriebsräte müssen damit rechnen, dass sie für Fragen, die sie nicht im ersten Termin stellen können, später einen neuen Termin ausmachen müssen. Daher ist es sinnvoll, sich vor einem Termin mit dem (vorläufigen) Insolvenzverwalter eine Liste mit den wichtigsten Fragen zu erstellen und gegebenenfalls dem (vorläufigen) Insolvenzverwalter vorab zu übermitteln. So kann er sich besser auf den Termin vorbereiten.

Die folgenden sechs Fragen stellen in diesem Zusammenhang eine **Checkliste** zur Vorbereitung des Gesprächs mit dem vorläufigen Insolvenzberater dar.

41. Beabsichtigt der vorläufige Insolvenzverwalter, das Unternehmen fortzuführen?

Das Insolvenzgericht hat inzwischen einen **starken vorläufigen Insolvenzverwalter** (→ *Frage 20: Welche Aufgaben hat der vorläufige Insolvenzverwalter?*; → *Frage 28: Wer ist auf Arbeitgeberseite Ansprechpartner des Betriebsrats?* ff.) bestellt. Dieser ist zunächst nach § 22 Abs. 1 Nr. 2 InsO zur Fortführung des Unternehmens verpflichtet. Die endgültige Entscheidung über die Unternehmensfortführung trifft nach der Eröffnung des Insolvenzverfahrens gem. § 157 InsO die Gläubigerversammlung. Kommt der starke vorläufige Insolvenzverwalter allerdings zu dem Ergebnis, dass die Betriebsstilllegung zum Schutz der Gläubigerinteressen bereits vor der Eröffnung des Insolvenzverfahrens geboten ist, wird er hierfür grds. die Zustimmung des **vorläufigen Gläubigerausschusses** (→ *Frage 32: Welche Funktion hat der (vorläufige) Gläubigerausschuss?* ff.) einholen. Auch das Insolvenzgericht muss sein Einverständnis geben.

42. Beabsichtigt der vorläufige Insolvenzverwalter, Arbeitnehmern bereits vor Eröffnung des Insolvenzverfahrens zu kündigen?

Das deutsche Insolvenzrecht kennt **keine besonderen Kündigungsgründe in der Insolvenz**. Vielmehr gelten die allg. Regelungen und Grundsätze bzw. Erfordernisse an die Wirksamkeit einer Kündigung. Sofern das KSchG anwendbar ist, muss die Kündigung **sozial gerechtfertigt** sein. Insbesondere muss ein **Kündigungsgrund** vorliegend, dh die Kündigung muss durch Gründe, die in der Person des Arbeitnehmers, seinem Verhalten oder in dringenden betrieblichen Erfordernissen liegen, gerechtfertigt sein (§ 1 Abs. 2 KSchG). Weiterhin muss bei einer betriebsbedingten Kündigung eine **richtige Sozialauswahl** iSd § 1 Abs. 3 KSchG durchgeführt worden sein. Kündigungsrechtliche Besonderheiten aus Vorschriften anderer arbeitsrechtlicher Gesetze muss der (vorläufige) Insolvenzverwalter ebenfalls beachten. Auch alle Kündigungsbeschränkungen gelten im Insolvenzeröffnungsverfahren fort. Insbesondere kann der (vorläufige) Insolvenzverwalter eine Kündigung nicht damit begründen, dass Insolvenzantrag gestellt oder das Insolvenzverfahren eröffnet worden ist. Die **Zahlungsunfähigkeit** oder **Überschuldung** (→ *Frage 6: Was bedeutet Insolvenz?*) stellen ebenfalls keine Kündigungsgründe dar.

Man darf allerdings nicht übersehen, dass sich aus besonderen Umständen im Zusammenhang mit der Insolvenz das Recht zu Kündigungen ergeben kann, insbesondere bei **Betriebsstilllegung** (→ *Frage 93: Was bedeuten Ansprüche auf Wiedereinstellung im Zusammenhang mit einem Betriebsübergang?*).

43. Welche Kündigungsfristen gelten im Insolvenzeröffnungsverfahren?

Während des Insolvenzeröffnungsverfahrens gelten **keine insolvenzrechtlichen Sonderbestimmungen für Kündigungen.** Bei einem **starken vorläufigen Insolvenzverwalter** (→ *Frage 20: Welche Aufgaben hat der vorläufige Insolvenzverwalter?*; → *Frage 28: Wer ist auf Arbeitgeberseite Ansprechpartner des Betriebsrats?* ff.) ist zwar mitunter die Rechtsauffassung vertreten worden, dass die auf maximal drei Monate verkürzte Kündigungsfrist nach § 113 S. 2 InsO eingreifen könne. Diese Ansicht hat das BAG allerdings in seiner Entscheidung (BAG 20.1.2005 – 2 AZR 134/04) nicht geteilt. Grds. ist auch der starke vorläufige Insolvenzverwalter an die bestehenden gesetzlichen, vertraglichen und tarifvertraglichen Kündigungsfristen sowie an solche aus Betriebsvereinbarungen gebunden. Sofern der starke vorläufige Insolvenzverwalter jedoch vor der Insolvenzeröffnung Kündigungen ausgesprochen hat, kann er nach Insolvenzeröffnung als Insolvenzverwalter nochmals **nachkündigen** und gegebenenfalls die allg. Kündigungsfristen nach § 113 InsO verkürzen (BAG 22.5.2003 – 2 AZR 255/02).

44. Wie können sich die Arbeitnehmer gegen die Kündigung wehren?

Nach § 4 S. 1 KSchG muss der Arbeitnehmer zur Geltendmachung der Sozialwidrigkeit und anderer Rechtsunwirksamkeitsgründe im Fall einer Beendigungs- oder Änderungskündigung innerhalb von drei Wochen nach Zugang der schriftlichen Kündigung vor dem zuständigen Arbeitsgericht **Kündigungsschutzklage** erheben.

Die dreiwöchige Frist zur Erhebung der Kündigungsschutzklage gilt unverändert auch während des Insolvenzverfahrens. Die Kündigungsschutzklage gegen den früheren Arbeitgeber ist nicht fristwahrend, wenn sie gegen den (**vorläufigen**) Insolvenzverwalter hätte erhoben werden müssen (BAG 21.9.2006 – 2 AZR 573/05; BAG 18.4.2002 – 8 AZR 346/01). Ist die Klage im Rubrum – also im Kopf der Klageschrift, der die Namen von Kläger und Beklagten enthält – eindeutig noch gegen den Schuldner und nicht gegen den Insolvenzverwalter gerichtet, wird letzterer auch nicht allein dadurch zur Partei des Rechtsstreits, dass er die Klageschrift tatsächlich erhalten hat. Allerdings kann häufig der Fehler durch eine **Berichtigung des Rubrums** beseitigt werden. Dies gilt insbesondere, wenn sich aus dem beigefügten Kündigungsschreiben ergibt, wer als beklagte Partei gemeint war. Aber auch dann muss der Kläger erklären, dass sich die Klage gegen den Insolvenzverwalter richtet (BAG 21.9.2006 – 2 AZR 573/05).

Praxistipp

Bei Kündigungsschutzklagen sollte immer das Kündigungsschreiben beigefügt werden.

45. In welcher Höhe können Abfindungen vereinbart werden?

Da bei der Maier GmbH inzwischen ein **starker vorläufiger Insolvenzverwalter** (→ *Frage 20: Welche Aufgaben hat der vorläufige Insolvenzverwalter?*; → *Frage 28: Wer ist auf Arbeitgeberseite Ansprechpartner des Betriebsrats?* ff.) bestellt worden ist, können gekündigte Arbeitnehmer mit ihm Abfindungen aushandeln, die voll erfüllt werden müssen.

Bei Kündigungen vor Eröffnung des Insolvenzverfahrens können **Masseansprüche** (→ *Frage 76: Wie werden die Arbeitnehmer nach Eröffnung des Insolvenzverfahrens bezahlt?*) nur von einem starken vorläufigen Insolvenzverwalter begründet werden. Masseverbindlichkeiten werden vor den Insolvenzforderungen befriedigt. Letztere werden nur mit der Quote aus der verbleibenden Masse erfüllt.

→ *Muster 2: Info-Schreiben zum Thema „Welche Ansprüche werden in der Insolvenz noch erfüllt?“*

46. Beabsichtigt der vorläufige Insolvenzverwalter, gekündigte Arbeitnehmer freizustellen? Wie ist dann die Rechtslage?

Solange das Arbeitsverhältnis andauert, bestehen grds. auch die Verpflichtungen aus demselben fort. Insbesondere hat der Arbeitnehmer einen **Beschäftigungsanspruch,** der auch im Insolvenzeröffnungsverfahren und im eröffneten Insolvenzverfahren gilt. Der Arbeitgeber bzw. der starke vorläufige Insolvenzverwalter darf die Arbeitnehmer nicht ohne weiteres freistellen. Ein insolvenzspezifisches Freistellungsrecht existiert nicht. Dennoch ist ein (vorläufiger) Insolvenzverwalter uU zur Vermeidung von Haftungsansprüchen dazu gehalten, Arbeitnehmer freizustellen. Dies gilt zB dann, wenn die Insolvenzmasse nicht ausreicht, um die Vergütung dieser Arbeitnehmer zu zahlen.

VII. Rechte und Pflichten des Betriebsrats bei anstehenden Kündigungen und Betriebsschließungen

Der Vorsitzende des Gesamtbetriebsrats fasst das Gespräch mit dem vorläufigen Insolvenzverwalter über die wirtschaftliche Situation der Maier GmbH in der nächsten Sitzung des Insolvenzausschusses zusammen. Zu dieser Sitzung ist auch der Rechtsanwalt des Gesamtbetriebsrats eingeladen, der diesen im **(vorläufigen) Gläubigerausschuss** (→ *Frage 32: Welche Funktion hat der (vorläufige) Gläubigerausschuss?* ff.) vertritt. Der starke vorläufige Insolvenzverwalter beabsichtigt, noch vor Eröffnung des Insolvenzverfahrens nicht rentable Filialen zu schließen und etwa 30% der Arbeitnehmer zu kündigen und freizustellen. Jede vierte Filiale soll geschlossen werden. Weiterhin möchte der vorläufige Insolvenzverwalter einen **Interessenausgleich mit Namensliste** abschließen. Er ist der Auffassung, dass dies die Chancen für eine erfolgreiche Unternehmensübernahme durch einen Investor erhöht. Insoweit laufen bereits Verhandlungen mit potenziellen Investoren. Der Vertreter des Gesamtbetriebsrats im (vorläufigen) Gläubigerausschuss verfügt über genauere Informationen, die allerdings der Geheimhaltung unterliegen. Insbesondere darf er keine Namen der potenziellen Investoren nennen. Er betont, dass sich die Betriebsräte bereits jetzt mit der Rechtslage nach Eröffnung des Insolvenzverfahrens auseinandersetzen müssen. Sonst besteht die Gefahr, dass sie von den Ereignissen überrollt werden.

→ *Muster 4: Entscheidungshilfe: „Soll der Gesamtbetriebsrat einen Interessenausgleich mit Namensliste abschließen?“*

47. Wieso will der vorläufige Insolvenzverwalter die Kündigungen der Arbeitnehmer unbedingt vor Eröffnung des Insolvenzverfahrens aussprechen?

Der (vorläufige) Insolvenzverwalter muss seine Entscheidungen mit der Maßgabe treffen, dass die **Forderungen der Gläubiger im höchstmöglichen Ausmaß erfüllt** werden. Daher muss er die **Insolvenzmasse schonen.** Der Erhalt von Arbeitsplätzen ist nach deutschem Insolvenzrecht nur ein nachrangiges Ziel gegenüber der Wahrung der Gläubigerrechte. Manchmal müssen deshalb im Rahmen von Sanierungsmaßnahmen einzelne Arbeitsverhältnisse beendet werden, um die Fortführung des Unternehmens und den Erhalt des Großteils der Stellen zu ermöglichen.

Zunächst möchte der starke vorläufige Insolvenzverwalter bereits vor Eröffnung des Insolvenzverfahrens kündigen, um die Arbeitsverhältnisse möglichst früh zu beenden. Wie bereits dargestellt ist (→ *Frage 41: Beabsichtigt der vorläufige Insolvenzverwalter, das Unternehmen fortzuführen?* ff.), darf der Insolvenzverwalter zwar **nach Eröffnung** des Insolvenzverfahrens **mit der verkürzten Frist des § 113 InsO nachkündigen.** Manche Arbeitsverhältnisse aber kann der starke vorläufige Insolvenzverwalter nach den allgemeinen gesetzlichen Bestimmungen bereits früher beenden, wenn er die Kündigung zeitig ausspricht.

Zu beachten ist darüber hinaus die folgende Rechtslage:

Kündigt der Insolvenzverwalter Arbeitnehmern erst nach Eröffnung des Insolvenzverfahrens, so muss er die Gehälter der gekündigten Arbeitnehmer während der Kündigungsfrist in voller Höhe aus der Insolvenzmasse zahlen. Denn diese Ansprüche sind **Masseansprüche** (→ *Frage 76: Wie werden die Arbeitnehmer nach Eröffnung des Insolvenzverfahrens bezahlt?*). Dies gilt auch, wenn der Insolvenzverwalter die gekündigten Arbeitnehmer **freistellt.** Kündigt dagegen bereits der starke vorläufige Insolvenzverwalter (oder der Geschäftsführer mit Zustimmung des schwachen Insolvenzverwalters) vor Eröffnung des Insolvenzverfahrens und stellt die Arbeitnehmer frei, sind die Gehälter bis zur Insolvenzeröffnung nur **Insolvenzforderungen** (→ *Frage 23: Welche Ansprüche werden bei der Bestellung des schwachen vorläufigen Insolvenzverwalters bezahlt?*). Die Arbeitnehmer erhalten während des Insolvenzeröffnungsverfahrens **Insolvenzgeld** nach Maßgabe von §§ 165 ff. SGB III. Wird frühzeitig gekündigt, sind die Kündigungsfristen bei Eröffnung des Insolvenzverfahrens entweder ganz oder zumindest schon teilweise abgelaufen, ohne dass die Insolvenzmasse mit den Lohnkosten hierfür belastet wird. Dies kann helfen, wichtige finanzielle Ressourcen zu erhalten, die eine spätere Betriebsfortführung erst ermöglichen. **Nach Eröffnung des Insolvenzverfahrens** steht den **freigestellten Arbeitnehmern kein** Anspruch auf **Insolvenzgeld,** sondern regelmäßig ein Anspruch auf **Arbeitslosengeld** zu. Der Vergütungsanspruch des Arbeitnehmers, der einen Masseanspruch darstellt, geht bei Bezug von Arbeitslosengeld auf die Arbeitsagentur über.

Der starke vorläufige Insolvenzverwalter wird aus dringenden betrieblichen Gründen wegen der **Betriebsstilllegungen** (→ *Frage 93: Was bedeuten Ansprüche auf Wiedereinstellung im Zusammenhang mit einem Betriebsübergang?*) grds. nur dann kündigen bzw. der Kündigung zustimmen, wenn das Insolvenzgericht den Betriebsstilllegungen zugestimmt hat. Denn ansonsten kann sich der starke vorläufige Insolvenzverwalter nach § 60 InsO schadensersatzpflichtig machen. Die Kündigungen können aber auch ohne vorherige gerichtliche Zustimmung zu einer Betriebsstilllegung wirksam sein (BAG 27.10.2005 – 6 AZR 5/05). Weiterhin kann der starke vorläufige Insolvenzverwalter auch aus dringenden betrieblichen Gründen kündigen, ohne dass eine Betriebsstilllegung bevorsteht. Das ist beispielsweise der Fall, wenn er nur einzelne Stellen streicht.

→ *Muster 1: Info-Schreiben zum Thema „Insolvenzgeld"*

→ *Muster 2: Info-Schreiben zum Thema „Welche Ansprüche werden in der Insolvenz noch erfüllt?"*

48. Muss der (vorläufige) Insolvenzverwalter mit dem Gesamtbetriebsrat einen Interessenausgleich verhandeln?

Auch der (starke vorläufige) Insolvenzverwalter, der die Arbeitgeberstellung innehat, muss in Unternehmen mit mehr als 20 wahlberechtigten Arbeitnehmern vor der Durchführung einer Betriebsänderung nicht nur den Betriebsrat unterrichten, sondern auch den Versuch eines Interessenausgleichs unternehmen (§ 112 BetrVG).

Voraussetzung hierfür ist, dass tatsächlich eine **Betriebsänderung** nach § 111 BetrVG vorliegt. Betriebsänderungen bestehen in den folgenden Fällen:

- Bei einer **Einschränkung** und **Stilllegung** des ganzen Betriebs oder von wesentlichen Betriebsteilen,
- bei der **Verlegung** des ganzen Betriebs oder von wesentlichen Betriebsteilen,
- bei einem **Zusammenschluss** mit anderen Betrieben oder einer **Spaltung** von Betrieben,
- bei **grundlegenden Änderungen** der Betriebsorganisation, des Betriebszwecks oder der Betriebsanlagen und/oder
- bei der Einführung grundlegend **neuer Arbeitsmethoden** und **Fertigungsverfahren.**

Daher stellen sowohl die **Betriebsstilllegungen** (→ *Frage 93: Was bedeuten Ansprüche auf Wiedereinstellung im Zusammenhang mit einem Betriebsübergang?*) als auch die Betriebszusammenschlüsse Betriebsänderungen iSv § 111 BetrVG dar.

Wird der Betriebsrat jedoch erst gewählt, nachdem mit der Durchführung der Betriebsänderung begonnen wurde, kann dieser weder die Verhandlungen eines Interessenausgleichs noch den Abschluss eines Sozialplans verlangen (BAG 28.10.1992 – 10 ABR 75/91).

Dem Betriebsrat kann ein Beteiligungsrecht aber ausnahmsweise auch an vor seiner Entstehung getroffenen Maßnahmen zustehen, wenn sie grundsätzlich aufschiebbar sind, der Arbeitgeber sie aber dennoch im unmittelbaren Vorfeld der Betriebsratswahl noch einseitig durchführt. Derartiges Verhalten des Arbeitgebers kann nämlich dem Grundsatz einer vertrauensvollen Zusammenarbeit widersprechen (LAG Bln-Bbg 5.7.2018 – 26 TaBV 1146/17).

49. Wer ist für die Verhandlungen des Interessenausgleichs zuständig?

Beispiel

Die Betriebsstilllegungen bei der Maier GmbH erfassen mehrere Betriebe, einige Betriebe sollen zusammengelegt werden. Die örtlichen Betriebsräte, die von den geplanten Betriebsstilllegungen und Betriebszusammenlegungen betroffen sind, haben den Gesamtbetriebsrat mit der Durchführung der Interessenausgleichsverhandlungen beauftragt.

Im konkreten Fall der Maier GmbH ist der Gesamtbetriebsrat für die Interessenausgleichsverhandlungen zuständig. Dies ergibt sich aus der folgenden Rechtslage:

Grds. ist von der **Zuständigkeit des örtlichen Betriebsrats** für Interessenausgleichsverhandlungen auszugehen. Dies gilt allerdings nur, wenn nicht ausnahmsweise der Gesamtbetriebsrat oder der Konzernbetriebsrat zuständig ist.

Die Voraussetzungen, unter denen die originäre **Zuständigkeit des Gesamtbetriebsrats** gegeben ist, sind nach § 50 Abs. 1 BetrVG die folgenden:

- Die Angelegenheit muss entweder das Gesamtunternehmen oder zumindest mehrere Betriebe des Unternehmens betreffen und
- die Angelegenheit kann nicht durch die örtlichen Betriebsräte geregelt werden. Es müssen zwingende sachliche oder rechtliche Gründe dafür vorliegen, dass eine betriebsübergreifende Regelung getroffen wird. Dies ist insbesondere der Fall, wenn alle Betriebe stillgelegt werden oder es zu Zusammenlegungen mehrerer Betriebe kommt.

Der **Gesamtbetriebsrat** und nicht der örtliche Betriebsrat ist beispielsweise nach § 50 Abs. 1 BetrVG in folgender Fallkonstellation für den Abschluss eines Interessenausgleichs zuständig: Der geplante Personalabbau erfolgt auf der Grundlage eines unternehmenseinheitlichen Konzepts, von dem mehrere Betriebe betroffen sind. Dies hat zur Folge, dass das Verteilungsproblem betriebsübergreifend gelöst werden muss (BAG 19.7.2012 – 2 AZR 386/11). Der Gesamtbetriebsrat ist für die Interessenausgleichsverhandlungen **originär** zuständig, wenn sich die vom Arbeitgeber geplante Maßnahme auf alle oder mehrere Betriebe auswirkt und deshalb einer einheitlichen Regelung bedarf (BAG 23.10.2002 – 7 ABR 55/01).

Bei der Maier GmbH erfolgt der Personalabbau aufgrund eines solchen unternehmenseinheitlichen Konzepts. Darüber hinaus ergibt sich die Zuständigkeit des Gesamtbetriebsrats auch aus der Beauftragung der örtlichen Betriebsräte (§ 50 Abs. 2 BetrVG).

Da es beim Maier-Konzern auch einen **Konzernbetriebsrat** gibt, stellt sich die Frage, ob nicht dieser anstelle des Gesamtbetriebsrats zuständig ist. Dies ist jedoch nicht der Fall. Denn nur für die Maier GmbH ist ein Insolvenzantrag gestellt worden. Andere Unternehmen des Konzerns sind von dieser Angelegenheit nicht betroffen.

Nach § 58 BetrVG ist die **Zuständigkeit des Konzernbetriebsrats** gegeben, wenn die folgenden Voraussetzungen erfüllt sind:

- Die Angelegenheit muss alle oder mehrere Konzernunternehmen betreffen und
- die Angelegenheit kann nicht durch die Gesamtbetriebsräte der jeweiligen Konzernunternehmen geregelt werden.

50. Welche Folgen hat es für Kündigungsschutzklagen, wenn die Verhandlungen zum Interessenausgleich mit Namensliste vor Eröffnung des Insolvenzverfahrens abgeschlossen sind?

Im Rahmen von Interessenausgleichsverhandlungen können sich der Gesamtbetriebsrat und der (starke vorläufige) Insolvenzverwalter auf die Arbeitnehmer einigen, denen gekündigt werden soll. Ihre Namen werden in einer **Namensliste** iSd § 1 Abs. 5 KSchG zusammengestellt. Erheben Arbeitnehmer, deren Name sich auf einer solchen Namensliste befindet, Kündigungsschutzklage, wird im Rahmen dieser Kündigungsschutzverfahren vermutet, dass die Kündigung durch dringende betriebliche Erfordernisse bedingt ist.

Das ist eine erhebliche Erleichterung für den Arbeitgeber. Denn grds. trägt der Arbeitgeber im Rahmen eines Kündigungsschutzverfahrens die Beweislast für das Vorliegen betriebsbedingter Kündigungsgründe (§ 1 Abs. 2 S. 4 KSchG). Vereinbaren jedoch Betriebsrat und Arbeitgeber einen **Interessenausgleich mit Namensliste,** kehrt sich die **Darlegungs- und Beweislast** diesbezüglich um (**Umkehr der Beweislast**). Nun muss der **gekündigte Arbeitnehmer Tatsachen beweisen, die diese Vermutung aufgrund der Namensliste widerlegen** (§ 1 Abs. 5 S. 1 KSchG). Für den Arbeitnehmer wird dieser Nachweis meist sehr schwierig zu führen sein, da er nur begrenzt über die Daten des Unternehmens verfügt.

Auch in der Rüge der richtigen **Sozialauswahl** sind Arbeitnehmer, die auf der Namensliste genannt werden, beschränkt. Denn die Sozialauswahl kann nach § 1 Abs. 5 S. 2 KSchG nur noch auf grobe Fehlerhaftigkeit überprüft werden. Eine solche grobe Fehlerhaftigkeit setzt einen „evidenten und ins Auge springenden schweren Fehler" voraus. Der Interessenausgleich muss hierzu jede Ausgewogenheit vermissen lassen (BAG 21.9.2006 – 2 AZR 284/06).

Eine grob fehlerhafte Sozialauswahl kann zum einen auf der Ebene der Auswahlkriterien bzw. deren Anwendung vorliegen, zum anderen aber auch schon auf der Ebene der Festlegung des Kreises der für die Kündigung in Betracht zu ziehenden und entsprechend in die soziale Auswahl einzubeziehenden Arbeitnehmer. Bei der betreffenden Beurteilung der Vergleichbarkeit sind in erster Linie **arbeitsplatzbezogene Merkmale** anzuwenden. Es kommt also zunächst auf die ausgeübte Tätigkeit an (**BAG 2.3.2006 – 2 AZR 23/05**). Dabei sind im Sinne der „qualifikationsmäßigen Austauschbarkeit" auch Arbeitnehmer einzubeziehen, die aufgrund ihrer Tätigkeit und Ausbildung eine gleichwertige Tätigkeit ausführen können (**BAG 2.6.2005 – 2 AZR 480/04**), sofern der Arbeitgeber sie im Sinne der „arbeitsvertraglichen Austauschbarkeit" auch einseitig auf den anderen Arbeitsplatz um- oder versetzen kann (BAG 10.6.2010 – 2 AZR 420/09). Abstrakte Qualifikationsanforderungen (wie Führungsverantwortung für einen größere oder kleinere Gruppe anderer Arbeitnehmer) stellen jedoch keinen solchen arbeitsplatzbezogenen Merkmale dar. Es liegt demnach **grobe Fehlerhaftigkeit** vor, wenn der Kreis der Arbeitnehmer, innerhalb dessen die soziale Auswahl zu erfolgen hat, **ausschließlich nach abstrakten Qualifikationsanforderungen** bestimmt wurde (LAG RhPf 10.1.2017 – 8 Sa 221/16).

Ferner ist das Berufen des Arbeitgebers auf eine Sozialauswahl nach Altersgruppen rechtsmissbräuchlich, wenn er hierbei vorsätzlich eine bestehende Auswahlrichtlinie missachtet und zudem die Zahl der innerhalb der einzelnen Altersgruppen zu entlassenden Arbeitnehmer überwiegend falsch berechnet (BAG 26.3.2015 – 2 AZR 478/13).

Ändert sich die Sachlage nach dem Zustandekommen des Interessenausgleichs mit Namensliste wesentlich, so entfällt die oben dargestellte **Vermutungswirkung der Namensliste** wiederum (§ 1 Abs. 5 S. 3 KSchG).

Mit dem Insolvenzverwalter vereinbarte Interessenausgleiche mit Namensliste unterliegen nach § 125 InsO noch eingeschränkterer gerichtlicher Überprüfung (→ *Frage 53: Welche Folgen hat es für Kündigungsschutzklagen, wenn die Verhandlungen zum Interessenausgleich nach Eröffnung des Insolvenzverfahrens abgeschlossen werden?*). Diese weiteren Einschränkungen des § 125 InsO kommen allerdings für die Zeit vor Eröffnung des Insolvenzverfahrens weder unmittelbar noch entsprechend zur Anwendung (BAG 28.6.2012 – 6 AZR 780/10). § 1 Abs. 5 KSchG ermöglicht nur die **Erhaltung** der bisherigen Personalstruktur. Dagegen kann bei Vorliegen eines Interessenausgleichs mit Namensliste, der nach Eröffnung des Insolvenzverfahrens zustande kam, die Sozialauswahl auch so ausgestaltet sein, dass eine ausgewogene Personalstruktur erst **geschaffen** wird.

→ *Muster 5: Entscheidungshilfe: „Soll der Gesamtbetriebsrat den Sozialplan und den Interessenausgleich mit Namensliste schon vor Eröffnung des Insolvenzverfahrens abschließen oder lieber danach?"*

51. Welche Folgen hat es, wenn der vorläufige Insolvenzverwalter im Insolvenzeröffnungsverfahren die Rechte des Betriebsrats nicht wahrt?

Der Betriebsrat hat eine Vielzahl von **Mitbestimmungsrechten.** Diese bestehen grds. auch in der Insolvenz des Arbeitgebers **unverändert fort.**

Dies gilt auch für die **Anhörungs- und Mitbestimmungsrechte** des Betriebsrats vor Kündigungen nach § 102 BetrVG (Fitting BetrVG § 102 Rn. 16). Das Fehlen der Betriebsratsanhörung vor einer Kündigung kann sowohl im Insolvenzeröffnungsverfahren als auch nach Eröffnung des Insolvenzverfahrens im Rahmen eines Kündigungsschutzprozesses gerügt werden. Fehler im Anhörungsverfahren nach § 102 BetrVG führen auch während des Insolvenzeröffnungsverfahrens über das Vermögen des Arbeitgebers zur Unwirksamkeit der Kündigung.

Der Betriebsrat ist vor **Betriebsänderungen** (→ *Frage 48: Muss der (vorläufige) Insolvenzverwalter mit dem Gesamtbetriebsrat einen Interessenausgleich verhandeln?*) rechtzeitig und umfassend nach § 111 BetrVG zu unterrichten, wenn diese wesentliche Nachteile zumindest für Teile der Belegschaft nach sich ziehen. Die Verletzung der Beteiligungsrechte des Betriebsrats führt zwar nicht zur Unwirksamkeit der Maßnahme. Allerdings haben die betroffenen Arbeitnehmer dann grds. einen Anspruch auf **Nachteilsausgleich** nach § 113 Abs. 3 BetrVG. Ansprüche auf Nachteilsausgleich nach § 113 Abs. 3 BetrVG zielen auf Zahlung von Abfindungen ab. Sie entstehen insbesondere, wenn der (vorläufige) Insolvenzverwalter eine Betriebsänderung durchführt, ohne zuvor den Versuch des Abschlusses eines Interessenausgleichs mit dem Betriebsrat unternommen zu haben. Weiterhin besteht dieser Anspruch, wenn er ohne zwingenden Grund vom Interessenausgleich abweicht.

Hat der starke vorläufige Insolvenzverwalter die Betriebsänderung oder -stilllegung ohne Abschluss der Verhandlungen eines Interessenausgleichs begonnen, stellen die **Nachteilsausgleichsansprüche** der betroffenen Arbeitnehmer nach § 113 Abs. 3 BetrVG **Masseansprüche** dar. Bei einem schwachen vorläufigen Insolvenzverwalter wären diese Nachteilsausgleichsansprüche nur Insolvenzforderungen. Allerdings ist nicht der schwache vorläufige Insolvenzverwalter zu Betriebsänderungen oder zu Betriebsschließungen berechtigt, sondern der Schuldner. Im Rahmen seines Amts kann der schwache vorläufige Insolvenzverwalter aber auf den ordnungsgemäßen Versuch eines Interessenausgleichs hinwirken.

52. Wie ist die Rechtslage, wenn es während des Insolvenzeröffnungsverfahrens zu keiner Einigung über den Interessenausgleich kommt?

Grds. können sowohl der **Betriebsrat** als auch der **Arbeitgeber** den **Vorstand der Bundesagentur für Arbeit anrufen,** wenn es zu keiner Einigung über den Interessenausgleich kommt (§ 112 Abs. 2 S. 1 BetrVG). Weiterhin können beide Parteien die Einigungsstelle anrufen (§ 112 Abs. 2 S. 2 BetrVG). Die **Einigungsstelle** ist eine Art **„betriebliches Schiedsgericht“,** um bisher gescheiterte Verhandlungen zwischen Arbeitgeber und Betriebsrat bzw. Personalrat zu einer Einigung zu führen.

Im Fall einer Einigung schließen Arbeitgeber und Betriebsrat im Rahmen der Einigungsstelle einen Interessenausgleich ab. Können sich Arbeitgeber und Betriebsrat aber auch in der Einigungsstelle nicht über einen Interessenausgleich einigen, stellt die Einigungsstelle das Scheitern der Interessenausgleichsverhandlungen fest. Der Arbeitgeber kann nun die beabsichtigte **Betriebsänderung** (→ *Frage 48: Muss der (vorläufige) Insolvenzverwalter mit dem Gesamtbetriebsrat einen Interessenausgleich verhandeln?*) umsetzen, ohne dass gesetzliche Abfindungsansprüche im Rahmen des Nachteilsausgleichs nach § 113 Abs. 3 BetrVG entstehen.

53. Welche Folgen hat es für Kündigungsschutzklagen, wenn die Verhandlungen zum Interessenausgleich nach Eröffnung des Insolvenzverfahrens abgeschlossen werden?

Ein Interessenausgleich kann **mit oder ohne Namensliste** abgeschlossen werden. Ein Interessenausgleich **mit Namensliste** hat zahlreiche Vorteile für den Insolvenzverwalter, so dass er in den Verhandlungen regelmäßig darauf drängen wird. Im eröffneten Insolvenzverfahren gilt die Bestimmung des § 125 InsO: Danach wird zunächst – wie bei § 1 Abs. 5 KSchG – vermutet, dass die Kündigung der auf der Namensliste angeführten Arbeitnehmer durch dringende betriebliche Erfordernisse bedingt ist. Hierbei ist stets ein ursächlicher Zusammenhang zwischen Interessenausgleich und Kündigung erforderlich. Weiterhin wird grds. davon ausgegangen, dass es keine anderweitige Beschäftigungsmöglichkeit in einem anderen Betrieb des Unternehmens gibt.

Nach § 125 Abs. 1 Nr. 2 InsO kann die soziale Auswahl der Arbeitnehmer, die vom Betriebsrat repräsentiert werden und die auf der Namensliste aufgeführt sind, nur im Hinblick auf nachfolgende Kriterien und nur auf **grobe Fehlerhaftigkeit** überprüft werden: Die Dauer der Betriebszugehörigkeit, das Lebensalter, die Unterhaltspflichten und wohl auch Schwerbehinderung (LAG Hamm 16.5.2007 – 2 Sa 1830/06). Bei **leitenden Angestellten** ist zu beachten, dass diese nicht unter den Arbeitnehmerbegriff fallen und dementsprechend nicht vom Betriebsrat vertreten werden. Die vorangegangenen Ausführungen gelten folglich **nicht** für sie.

Die Sozialauswahl ist **nicht** als grob fehlerhaft anzusehen, wenn eine ausgewogene Personalstruktur erhalten bleibt oder, im Unterschied zum Regelungsumfang des § 1 Abs. 5 KSchG, erst **geschaffen** wird (Fitting BetrVG § 112a Rn. 85). Als **grob fehlerhaft** ist die Sozialauswahl dann auszusehen, wenn die Gewichtung der Auswahlkriterien in keiner Weise ausgewogen ist.

Schließt der Betriebsrat **nach Insolvenzeröffnung** einen Interessenausgleich **mit Namensliste** nach § 125 InsO ab, so kann er grds. im Rahmen der Interessenausgleichsverhandlungen auf die folgenden Aspekte Einfluss nehmen: Den auswahlrelevanten Personenkreis der austauschbaren und damit vergleichbaren Arbeitnehmer, die Herausnahme von Leistungsträgern und die Bildung von Altersgruppen (Fitting BetrVG §§ 112, 112a Rn. 85a), innerhalb derer die Sozialauswahl durchgeführt wird.

Schließt der Betriebsrat mit dem Insolvenzverwalter einen Interessenausgleich mit Namensliste ab, so ersetzt dieser nach § 125 Abs. 2 InsO die Stellungnahme des Betriebsrats zu den Entlassungen im Zusammenhang mit einer **Massenentlassungsanzeige** nach § 17 Abs. 3 S. 2 KSchG. Voraussetzung hierfür ist, dass der Insolvenzverwalter den Interessenausgleich mit Namensliste seiner Massenentlassungsanzeige beifügt (BAG 7.7.2011 – 6 AZR 248/10).

Die Erfolgsaussichten einer Kündigungsschutzklage von in der Namensliste aufgeführten Arbeitnehmern werden durch § 128 Abs. 2 InsO für den Fall der **übertragenden Sanierung** (→ *Frage 91: Unter welchen Voraussetzungen liegt ein Betriebs(-teil)übergang vor?*) noch zusätzlich eingeschränkt. Denn diese Norm erstreckt die Vermutungswirkung des § 125 Abs. 1 S. 1 InsO auch darauf, dass die Kündigung nicht wegen des **Betriebsübergangs** (→ *Frage 90: Wer muss Unternehmensveräußerungen zustimmen?* ff.) erfolgt ist. Darüber hinaus soll auch bei einer Betriebsteilung die Überprüfbarkeit der Zuordnung der Arbeitnehmer zu einem bestimmten Betrieb oder Betriebsteil auf grobe Fehlerhaftigkeit beschränkt sein (§ 323 Abs. 2 UmwG analog; Fitting BetrVG §§ 112, 112a Rn. 78, 94 f.).

Die §§ 125, 128 InsO gelten nur **nach Eröffnung des Insolvenzverfahrens** für den Insolvenzverwalter (BAG 28.6.2012 – 6 AZR 780/10). **Während des Insolvenzeröffnungsverfahrens** bleibt dem vorläufigen Insolvenzverwalter aber die oben dargestellte Möglichkeit der Kündigung mit Namensliste nach § 1 Abs. 5 KSchG. Diese Kündigungserleichterung ist allerdings nicht ganz so weitreichend wie die des § 125 InsO und gegebenenfalls des § 128 InsO.

Weiterhin können sich Interessenausgleichverhandlungen, die nach Eröffnung des Insolvenzverfahrens durchgeführt werden, wie folgt auf Kündigungsschutzklagen von Arbeitnehmern, die auf der Namensliste genannt werden, auswirken:

Der Insolvenzverwalter kann unter den Voraussetzungen des § 126 InsO **beim Arbeitsgericht die Feststellung beantragen,** dass die Kündigung der Arbeitsverhältnisse bestimmter, im Antrag bezeichneter Arbeitnehmer durch dringende betriebliche Erfordernisse bedingt und sozial gerechtfertigt ist (→ *Frage 55: Wie ist die Rechtslage, wenn es im eröffneten Insolvenzverfahren zu keiner Einigung über den Interessenausgleich kommt?*). Die Entscheidung des Gerichts in diesem Verfahren ist auch für Kündigungsschutzverfahren bindend. Diese **Bindungswirkung** erstreckt sich allerdings nur auf die **Betriebsbedingtheit** und die **soziale Rechtfertigung** der Kündigung. Sonstige Unwirksamkeitsgründe (zB das Unterlassen der Betriebsratsanhörung nach § 102 BetrVG oder der Mangel der Schriftform der Kündigung) können weiterhin vorgebracht werden. Hat sich die Sachlage nach dem Schluss der mündlichen Verhandlung wesentlich geändert, kann die Bindungswirkung aber entfallen (Fitting BetrVG §§ 112, 112a Rn. 92).

54. Welche Folgen hat es, wenn der Insolvenzverwalter im eröffneten Insolvenzverfahren die Rechte des Betriebsrats nicht wahrt?

Weder ein Interessenausgleich nach § 125 Abs. 1 InsO, noch ein solcher nach § 112 Abs. 1 BetrVG entbindet den Insolvenzverwalter von der **Betriebsratsanhörung** zu den konkret auszusprechenden Kündigungen nach § 102 BetrVG. Auch die Anforderungen an seine **Informationspflicht** werden nicht herabgesetzt. Allerdings können die Verhandlungen über den Interessenausgleich mit Namensliste mit dem Anhörungsverfahren nach § 102 BetrVG zusammengefasst werden (BAG 28.8.2003 – 2 AZR 377/02). Das bedeutet, dass der Insolvenzverwalter dem Betriebsrat nicht erneut die bereits aus den Verhandlungen zum Interessenausgleich mit Namensliste bekannten Tatsachen im Rahmen des Anhörungsverfahrens nach § 102 BetrVG mitteilen muss (BAG 20.5.1999 – AZR 532/98; BAG 28.8.2003 – 2 AZR 377/02).

Im eröffneten Insolvenzverfahren stellen die **Nachteilsausgleichsansprüche** nach § 113 BetrVG (→ *Frage 51: Welche Folgen hat es, wenn der vorläufige Insolvenzverwalter im Insolvenzeröffnungsverfahren die Rechte des Betriebsrats nicht wahrt?*) Masseansprüche dar, wenn sie auf einem Fehlverhalten des Insolvenzverwalters nach Eröffnung des Insolvenzverfahrens beruhen, so etwa bei der Durchführung einer Betriebsänderung ohne den Versuch eines Interessenausgleichs.

55. Wie ist die Rechtslage, wenn es im eröffneten Insolvenzverfahren zu keiner Einigung über den Interessenausgleich kommt?

Ein Vermittlungsversuch durch Anrufung des Vorstands der Bundesagentur für Arbeit setzt voraus, dass der Insolvenzverwalter und der Betriebsrat **gemeinsam** um eine solche Vermittlung ersuchen (§ 121 InsO). Vor Eröffnung des Insolvenzverfahrens können dagegen sowohl der vorläufige Insolvenzverwalter als auch der Betriebsrat eigenständig die Bundesagentur für Arbeit hierzu anrufen.

Nach Eröffnung des Insolvenzverfahrens ist der Insolvenzverwalter dazu berechtigt, die **Zustimmung des Arbeitsgerichts** zur Durchführung der von ihm geplanten Maßnahme zu beantragen (§ 122 InsO). Hierzu ist **nicht** erforderlich, dass zuvor ein Vermittlungs- oder Einigungsversuch nach § 112 Abs. 2 BetrVG durchgeführt wurde. Liegt ein Beschluss des Arbeitsgerichts nach § 122 InsO vor, muss also weder der Vorstand der Bundesagentur für Arbeit um Vermittlung ersucht noch die Einigungsstelle angerufen worden sein.

Dies gilt unter den folgenden Voraussetzungen:

- Die Verhandlungen über den Interessenausgleich wegen einer geplanten **Betriebsänderung** müssen begonnen haben oder der Insolvenzverwalter muss zumindest den Betriebsrat **schriftlich zur Aufnahme der Verhandlungen aufgefordert** haben.
- Innerhalb von **drei Wochen** seit Verhandlungsbeginn beziehungsweise Aufforderung zur Aufnahme dieser Verhandlungen darf es nicht zu einem Ergebnis gekommen sein.
- Weiterhin muss der Insolvenzverwalter den Betriebsrat rechtzeitig und umfassend über die geplante Änderungsmaßnahme **informiert** haben.

Das Arbeitsgericht erteilt dem Insolvenzverwalter die **Zustimmung** zu der geplanten Änderungsmaßnahme, wenn die wirtschaftliche Situation des Unternehmens unter Berücksichtigung der Belange der Arbeitnehmer erfordert, dass diese Betriebsänderung ohne vorangegangenes Verfahren nach § 112 Abs. 2 BetrVG durchgeführt wird (§ 122 Abs. 2 S. 1 InsO). Sofern der Insolvenzverwalter beabsichtigt, das Unternehmen zu zerschlagen oder zu liquidieren, sollen die Interessen der Gläubiger ausschlaggebend sein. Hintergrund ist, dass in diesem Fall davon auszugehen ist, dass die Arbeitsplätze nicht erhalten werden.

Besteht in einem Betrieb **kein Betriebsrat** oder kommt bei einer geplanten Betriebsänderung innerhalb **von drei Wochen** nach Verhandlungsbeginn oder schriftlicher Aufforderung zur Aufnahme von Verhandlungen ein Interessenausgleich mit Namensliste nach § 125 Abs. 1 InsO **nicht** zustande, hat der Insolvenzverwalter die folgende Möglichkeit:

Er kann nach § 126 Abs. 1 S. 1 InsO **beim Arbeitsgericht** beantragen, dass dieses feststellt, die Kündigungen der Arbeitsverhältnisse bestimmter, im Antrag bezeichneter Arbeitnehmer seien durch dringende betriebliche Erfordernisse bedingt und sozial gerechtfertigt. Voraussetzung hierfür ist allerdings, dass der Insolvenzverwalter den Betriebsrat (soweit vorhanden) rechtzeitig und umfassend informiert hat. In dem Verfahren nach § 126 InsO wird die **dringende betriebliche Erforderlichkeit** der betriebsbedingten Kündigung **umfassend** geprüft.

Dagegen erfolgt die Überprüfung der **Sozialauswahl** nur in Hinblick auf die **Kerndaten:** Dauer der Betriebszugehörigkeit, das Lebensalter, die Unterhaltspflichten und wohl auch Schwerbehinderteneigenschaft (§ 126 Abs. 1 S. 3 InsO). Wird dem Antrag des Insolvenzverwalters stattgegeben, so ist der Beschluss des Gerichts auch für betroffene Arbeitnehmer im Rahmen von Kündigungsschutzprozessen nach § 126 Abs. 1 InsO **bindend** (→ *Frage 53: Welche Folgen hat es für Kündigungsschutzklagen, wenn die Verhandlungen zum Interessenausgleich nach Eröffnung des Insolvenzverfahrens abgeschlossen werden?*).

Dies hat folgenden Hintergrund: Insbesondere bei Massenentlassungen ist es für den Insolvenzverwalter oft schwierig, eine fehlerfreie Sozialauswahl zu treffen. Erweisen sich einzelne oder eine Vielzahl von Kündigungen am Ende der regelmäßig über Jahre dauernden Kündigungsschutzprozesse als unwirksam, kommen auf den Erwerber unter Umständen sehr hohe Gehaltsnachzahlungen zu. Dieses Risiko wird ein potenzieller Investor regelmäßig nicht eingehen.

Praxistipp

Um die richtigen Entscheidungen in solch kritischen Situationen zu treffen, ist es erforderlich, dass der Betriebsrat umfassend informiert ist und sich mit dem Arbeitnehmervertreter im Gläubigerausschuss bespricht.

→ *Muster 4: Entscheidungshilfe: „Soll der Gesamtbetriebsrat einen Interessenausgleich mit Namensliste abschließen?"*

56. Wann ist ein Interessenausgleich mit Namensliste sinnvoll?

Schließt der Betriebsrat einen Interessenausgleich mit Namensliste ab, so erschwert dies den betroffenen Arbeitnehmern, erfolgreich gegen die Kündigung im Wege der **Kündigungsschutzklage** vorzugehen. In der Insolvenz werden die Erfolgsaussichten für eine erfolgreiche Kündigungsschutzklage noch weiter eingeschränkt (→ *Frage 50: Welche Folgen hat es für Kündigungsschutzklagen, wenn die Verhandlungen zum Interessenausgleich mit Namensliste vor Eröffnung des Insolvenzverfahrens abgeschlossen sind?*; → *Frage 53: Welche Folgen hat es für Kündigungsschutzklagen, wenn die Verhandlungen zum Interessenausgleich nach Eröffnung des Insolvenzverfahrens abgeschlossen werden?*). Dennoch kann der Betriebsrat in der Insolvenz zum Abschluss eines Interessenausgleichs mit Namensliste gezwungen sein, wenn dies erforderlich ist, um die verbleibenden Arbeitsplätze zu sichern. Denn eine Vielzahl von aussichtsreichen Kündigungsschutzklagen birgt die erhebliche Gefahr, **potenzielle Investoren abzuschrecken.**

57. Muss der (vorläufige) Insolvenzverwalter einen Sozialplan abschließen?

Der (starke vorläufige) Insolvenzverwalter, der bereits die Stellung des Arbeitgebers hat, muss bei Unternehmen mit in der Regel mehr als 20 wahlberechtigten Arbeitnehmern im Fall einer **Betriebsänderung** (→ *Frage 48: Muss der (vorläufige) Insolvenzverwalter mit dem Gesamtbetriebsrat einen Interessenausgleich verhandeln?*) mit dem Betriebsrat grds. einen Sozialplan abschließen. Ist ein vorinsolvenzlicher Sozialplan wirksam gekündigt, angefochten oder widerrufen worden, muss der Betriebsrat mit dem Insolvenzverwalter über den Abschluss eines neuen, den geänderten Verhältnissen angepassten Sozialplan verhandeln. Allerdings gelten nach Eröffnung des Insolvenzverfahrens insbesondere für Abfindungen die besonderen Regelungen des § 123 InsO (→ *Frage 61: Welche Folgen hat es für die Höhe der Abfindungen, wenn der Sozialplan nach der Eröffnung des Insolvenzverfahrens abgeschlossen wird?*).

58. Wer ist für den Abschluss des Sozialplans zuständig?

Beispiel

Bei der Maier GmbH ist der Gesamtbetriebsrat auch für den Abschluss des Sozialplans zuständig. Denn die Betriebsstilllegungen erfassen mehrere Betriebe und der Sozialplan soll betriebsübergreifende Regelungen vorsehen. Darüber hinaus haben die örtlichen Betriebsräte den Gesamtbetriebsrat auch insoweit beauftragt.

Zum Hintergrund: Grds. ist der örtliche Betriebsrat für den Abschluss eines **Sozialplans** zuständig. Dies gilt allerdings nur, soweit die Angelegenheit den örtlichen Betrieb betrifft und auch durch den einzelnen örtlichen Betriebsrat innerhalb seines Betriebs geregelt werden kann (§ 50 BetrVG).

Bei der Maier GmbH ist der Gesamtbetriebsrat für die Verhandlungen und einen möglichen Abschluss des Interessenausgleichs zuständig (→ *Frage 49: Wer ist für die Verhandlungen des Interessenausgleichs zuständig?*). Allerdings kann aus der Zuständigkeit des Gesamtbetriebsrats für einen Interessenausgleich **nicht** zwangsläufig auch seine Zuständigkeit für den Abschluss eines Sozialplans gefolgert werden. Vielmehr ist hierfür Voraussetzung, dass die Regelung des Ausgleichs oder der Abmilderung der durch die Betriebsänderung entstehenden Nachteile **zwingend unternehmenseinheitlich oder betriebsübergreifend** erfolgen muss (BAG 23.10.2002 – 7 ABR 55/01; BAG 3.5.2006 – 1 ABR 15/05; BAG 17.4.2012 – 1 AZR 119/11).

Außerdem ergibt sich die Zuständigkeit des Gesamtbetriebsrats für den Abschluss des Sozialplans im Falle der Maier GmbH auch aus § 50 Abs. 2 BetrVG, weil ihn die örtlichen Betriebsräte beauftragt haben.

Streiten die Betriebsparteien in einem Konzern über die Zuständigkeit für einen Sozialplan, so sind an dem Verfahren der Konzernbetriebsrat, die Gesamtbetriebsräte und sämtliche Einzelbetriebsräte beteiligt, wenn zumindest ernsthafte Zweifel bestehen können, welches der Gremien zuständig ist (LAG Düsseldorf 12.2.2014 – 12 TaBV 36/13)

59. Welche Folgen hat es für die Höhe der Abfindungen, wenn der Sozialplan vor der Eröffnung des Insolvenzverfahrens abgeschlossen wird?

Ansprüche aus einem **vor** Insolvenzeröffnung mit dem bisherigen Geschäftsführer unter Zustimmung des schwachen vorläufigen Insolvenzverwalters vereinbarten Sozialplan stellen nur **Insolvenzforderungen** dar (BAG 31.7.2002 – 10 AZR 275/01). Nur für Ansprüche aus Sozialplänen, die **nach Eröffnung** des Insolvenzverfahrens abgeschlossen wurden, ist gesetzlich bestimmt, dass es sich hierbei um **Masseverbindlichkeiten** handelt (§ 123 Abs. 2 S. 1 InsO).

Masseverbindlichkeiten sind darüber hinaus auch Ansprüche aus Sozialplänen, die der starke vorläufige Insolvenzverwalter abgeschlossen hat – was sich dadurch rechtfertigt, dass der **starke vorläufige Insolvenzverwalter** eine Rechtsposition einnimmt, die derjenigen des Insolvenzverwalters nach Verfahrenseröffnung gleicht. Mangels anderweitiger gesetzlicher Regelungen gilt für Ansprüche aus sonstigen Sozialplänen der Grundsatz, dass es sich hierbei um bloße Insolvenzforderungen handelt (BAG 31.7.2002 – 10 AZR 275/01).

Inzwischen ist bei der Maier GmbH jedoch ein starker vorläufiger Insolvenzverwalter bestellt worden. Daher stellen die Abfindungsansprüche aus dem mit ihm abgeschlossenen Sozialplan Masseansprüche nach § 55 Abs. 2 InsO dar, die grds. in voller Höhe erfüllt werden müssen.

→ *Muster 5: Entscheidungshilfe: „Soll der Gesamtbetriebsrat den Sozialplan und den Interessenausgleich mit Namensliste schon vor Eröffnung des Insolvenzverfahrens abschließen oder lieber danach?“*

60. Kann der Insolvenzverwalter einen Sozialplan widerrufen, der vor Eröffnung des Insolvenzverfahrens abgeschlossen wurde?

Sozialpläne, die **vor** Eröffnung des Insolvenzverfahrens, aber nicht mehr als drei Monate vor der Insolvenzantragstellung abgeschlossen wurden (sog. **„insolvenznahe"** Sozialpläne), können sowohl vom **Insolvenzverwalter** als auch vom **Betriebsrat** widerrufen werden.

Da ein vom Schuldner (mit Zustimmung des schwachen vorläufigen Insolvenzverwalters) abgeschlossenen Sozialplan lediglich Insolvenzforderungen begründet, hat der Insolvenzverwalter nur in dem besonderen Ausnahmefall Veranlassung, einen nach Maßgabe des § 124 InsO zu widerrufen, wenn (in sehr massestarken Verfahren) Insolvenzansprüche aus diesem Sozialplan das Volumen überschreiten, das er nach § 123 Abs. 1 und Abs. 2 InsO als Masseansprüche aus einem im Insolvenzverfahren vereinbarten Sozialplan begleichen müsste (BAG 31.7.2002 – 10 AZR 275/01).

In dem regelmäßigen Fall, dass demgegenüber die **Erfüllung der Sozialplanansprüche über die Insolvenzquote in Frage steht,** ist demgegenüber der **Betriebsrat veranlasst, den insolvenznahen Sozialplan nach Maßgabe des o. g. § 124 InsO zu widerrufen** und im Rahmen eines neuen Sozialplans stattdessen Masseverbindlichkeiten nach Maßgabe von § 123 Abs. 2 S. 1 InsO zu begründen (BAG 31.7.2002 – 10 AZR 275/01; Hamburger Kommentar zum Insolvenzrecht/Ahrendt, 9. Aufl. 2022, InsO § 124 Rn. 4 f.).

Sind die **Ansprüche aus dem insolvenznahen Sozialplan** allerdings schon **erfüllt,** besteht **keine Veranlassung für den Betriebsrat, ihn zu widerrufen** (Hamburger Kommentar zum Insolvenzrecht/Ahrendt, 9. Aufl. 2022, InsO § 124 Rn. 4).

61. Welche Folgen hat es für die Höhe der Abfindungen, wenn der Sozialplan nach der Eröffnung des Insolvenzverfahrens abgeschlossen wird?

Wird ein Sozialplan nach Eröffnung des Insolvenzverfahrens aufgestellt, darf die Gesamtsumme des Sozialplans (auch als sog. **„Gesamtdotierung"** bezeichnet) **maximal 2,5 Bruttomonatsgehälter** pro entlassenem Arbeitnehmer betragen. Das ist eine absolute Obergrenze. Für die Sozialplandotierungen darf weiterhin **nicht mehr als ein Drittel der Masse** verwendet werden, die zur Verteilung an die Insolvenzgläubiger ohne Sozialplan zur Verfügung stünde (§ 123 Abs. 2 InsO). Die Sozialplanforderungen können demzufolge erst dann erfüllt werden, wenn nach Berichtigung der übrigen Massesprüche – aber vor den Insolvenzforderungen – noch eine verteilungsfähige Masse übrig bleibt.

Die Sozialplanforderungen aus einem nach Insolvenzeröffnung abgeschlossenen Sozialplan sind Masseansprüche. Wird allerdings Masseunzulänglichkeit (→ *Frage 77: Was bedeutet Masseunzulänglichkeit für Betriebsrat und Arbeitnehmer?*) angezeigt und entfällt diese bis zum Ende des Insolvenzverfahrens nicht mehr, gehen die Arbeitnehmer mit ihren Abfindungen aus dem Sozialplan leer aus.

62. Wie können Arbeitnehmer ihre Ansprüche aus einem Sozialplan im Insolvenzverfahren durchsetzen?

Die **Zwangsvollstreckung** in die Masse wegen einer Forderung aus einem mit dem Insolvenzverwalter abgeschlossenen Sozialplan ist **unzulässig** (§ 123 Abs. 3 S. 2 InsO). Das gilt auch dann, wenn der betreffende Sozialplan erst nach Anzeige der (drohenden) Masseunzulänglichkeit (→ *Frage 77: Was bedeutet Masseunzulänglichkeit für Betriebsrat und Arbeitnehmer?*) nach § 208 InsO abgeschlossen worden ist (BAG 21.1.2010 – 6 AZR 785/08).

Vor diesem Hintergrund ist auch eine auf Zahlung gerichteten Klage (mithin eine **Leistungsklage**) gegen den Insolvenzverwalter aus solchen Sozialplan **unzulässig.** Ihr fehlt das erforderliche Rechtsschutzbedürfnis, weil ein entsprechendes Urteil nicht vollstreckt werden könnte (BAG 22.7.2010 – 6 AZR 249/09).

Einer Leistungsklage würde auch entgegenstehen, dass ihre Höhe **gar nicht bezifferbar** wäre. Erst in der Schlussphase Insolvenzverfahrens steht nämlich das Volumen der Insolvenzmasse fest. Dieses begrenzt aber nach § 123 Abs. 2 S. 2 und 3 InsO die Sozialplansansprüche, die maximal ein Drittel davon betragen dürfen.

Daher können Sozialplanforderungen nur mittels einer **Feststellungklage** verfolgt werden. Das hierfür erforderliche **Feststellungsinteresse** besteht allerdings nur, wenn dem Recht des Gläubigers eine gegenwärtige Gefahr der Unsicherheit dadurch droht, dass es der Insolvenzverwalter ernstlich bestreitet, und wenn das erstrebte Feststellungsurteil infolge seiner Rechtskraft geeignet ist, diese Gefahr zu beseitigen (BAG 21.1.2010 – 6 AZR 785/08).

VIII. Die Transfergesellschaft

Inzwischen hat sich der Gesamtbetriebsrat der Maier GmbH dazu entschieden, einen Interessenausgleich mit Namensliste abzuschließen. Hierdurch sollen die Chancen erhöht werden, möglichst bald einen Investor zu finden. Um die Folgen für die zu kündigenden Arbeitnehmer abzumildern und um eine Vielzahl von Kündigungsschutzklagen zu verhindern, soll eine Transfergesellschaft gegründet werden. Zu diesem Thema findet eine weitere Sitzung des Gesamtbetriebsrats statt, in der die Vor- und Nachteile einer Transfergesellschaft diskutiert werden. Doch zunächst prüft der Insolvenzausschuss (→ *Frage 27: Wie kann die schnelle Handlungsfähigkeit des Betriebsrats gewährleistet werden?*), ob bei der Insolvenz der Maier GmbH überhaupt die Voraussetzungen für eine Transfergesellschaft und die Zahlung von **Kurzarbeitergeld** vorliegen.

63. Was ist eine Transfergesellschaft?

Von einer **Transfergesellschaft** oder von einer **„betriebsorganisatorisch eigenständigen Einheit“ (beE)** spricht man in Zusammenhang mit dem drohenden Verlust von Arbeitsplätzen infolge von **Betriebsänderungen** (→ *Frage 48: Muss der (vorläufige) Insolvenzverwalter mit dem Gesamtbetriebsrat einen Interessenausgleich verhandeln?*) oder **Betriebsstilllegungen.** Transfergesellschaften sind gerade in der Insolvenz des Arbeitgebers arbeitsmarktpolitische Instrumente, die den Zweck verfolgen, Arbeitnehmern, die von der Arbeitslosigkeit bedroht sind, im Rahmen einer bis zu **einjährigen Beschäftigung** neue Arbeitsverhältnisse zu vermitteln.

Die betriebsorganisatorisch eigenständige Einheit (beE) wird regelmäßig von einem Dritten, also nicht vom Arbeitgeber oder Insolvenzverwalter, gegründet, um von Arbeitslosigkeit bedrohten Arbeitnehmern für einen Zeitraum von **höchstens zwölf Monaten** ein sozialversicherungspflichtiges Beschäftigungsverhältnis zu ermöglichen (Fitting BetrVG § 5 Rn. 151). Sofern eine Transfergesellschaft gegründet wird und die Arbeitnehmer die persönlichen Voraussetzungen erfüllen, können sie ein Beschäftigungsverhältnis bei der beE antreten. Sie sind dann nicht arbeitslos, sondern weiterbeschäftigt und erhalten während dieses Beschäftigungsverhältnisses **Transferkurzarbeitergeld** nach §§ 111a ff. SGB III. Die beE erstellt **Profile** der Arbeitnehmer, versucht, diese am Arbeitsmarkt zu vermitteln und organisiert gegebenenfalls **Qualifizierungsmaßnahmen.**

64. Was sind Transfermaßnahmen?

Ziel dieser **Transfermaßnahmen** ist die Eingliederung der Arbeitnehmer in den Arbeitsmarkt. An der Finanzierung der Transfermaßnahmen beteiligt sich der Arbeitgeber.

Transfermaßnahmen werden durch **Zuschüsse der Agentur für Arbeit** in Höhe von 50% der erforderlichen und angemessenen Maßnahmekosten, jedoch maximal in Höhe von 2.500 EUR je geförderten Arbeitnehmer mitfinanziert.

Transfermaßnahmen werden nur von der Agentur für Arbeit gefördert, wenn sich die betroffenen Arbeitnehmer **unverzüglich** bei der Agentur für Arbeit **arbeitssuchend melden,** sobald sie Kenntnis vom Beendigungszeitpunkt ihres Arbeitsverhältnisses erlangt haben. Sie müssen sich unbedingt **vor der Überleitung in die beE bei einer Transfergesellschaft** (→ *Frage 63: Was ist eine Transfergesellschaft?*) bei der Agentur für Arbeit arbeitssuchend melden.

Eine Förderung von Transfermaßnahmen ist **ausgeschlossen,** wenn diese dazu dient, Arbeitnehmer auf eine Anschlussbeschäftigung **im gleichen Betrieb** oder in einem anderen Betrieb des Unternehmens oder Konzerns vorzubereiten.

Solange Arbeitnehmer an Transfermaßnahmen teilnehmen, haben sie keinen Anspruch auf andere Leistungen der aktiven Arbeitsförderung mit gleicher Zielsetzung.

65. Liegen die Voraussetzungen für die Zahlung von Transferkurzarbeitergeld vor?

Das **Transferkurzarbeitergeld** nach § 111 SGB III ist eine Entgeltersatzleistung im Rahmen von betrieblichen Restrukturierungsprogrammen.

Transferkurzarbeitergeld wird nur unter den folgenden Voraussetzungen gewährt:

a) Die Arbeitnehmer müssen von einem dauerhaften, nicht vermeidbaren **Arbeitsausfall** und damit auch dem Verlust von Entgelt betroffen sein.

b) Ferner müssen sich die **Betriebsparteien** über die Inanspruchnahme von Transferkurzarbeitergeld **geeinigt** und sich insbesondere im Rahmen der Verhandlungen über einen Interessenausgleich und einen **Sozialplan zur Förderung der Integration der Arbeitnehmer** von der Agentur für Arbeit haben beraten lassen. Der dauerhafte Arbeitsausfall muss der **Agentur für Arbeit angezeigt** worden sein.

c) Weiterhin müssen die folgenden **betrieblichen Voraussetzungen** erfüllt sein:

- In dem betroffenen Betrieb müssen **Personalabbaumaßnahmen** aufgrund einer **Betriebsänderung** durchgeführt werden.
- Die vom Arbeitsausfall betroffenen Arbeitnehmer müssen in einer **betriebsorganisatorisch eigenständigen Einheit** (→ *Frage 63: Was ist eine Transfergesellschaft?*) zusammengefasst werden. Hierdurch sollen Entlassungen vermieden und die Eingliederungschancen der betroffenen Arbeitnehmer in den Arbeitsmarkt erhöht werden.
- Aufgrund der Organisation und der Mittelausstattung der betriebsorganisatorisch eigenständigen Einheit muss die **Erwartung realistisch** sein, dass es zu dem **angestrebten Integrationserfolg** kommt.
- Schließlich muss eine **Trägerzulassung** nach § 178 SGB III vorliegen, wenn die beE von einem Dritten (also nicht vom Arbeitgeber oder Insolvenzverwalter) gehalten wird.

Auch für **Kleinbetriebe** mit bis zu 20 Arbeitnehmern können beE im oben dargestellten Sinn gegründet werden. Für sie und ihre Arbeitnehmer gelten hinsichtlich des Transferkurzarbeitergeldes und die Transfermaßnahmen keine Unterschiede.

d) Weiterhin müssen die folgenden **persönlichen Voraussetzungen** nach § 111 Abs. 4 SGB III erfüllt sein:

- Den Arbeitnehmern muss die **Arbeitslosigkeit** drohen.
- Sie müssen nach Beginn des Arbeitsausfalls eine **versicherungspflichtige Beschäftigung fortsetzen** oder eine Berufsausbildung aufnehmen.
- Sie dürfen **nicht** vom Bezug von **Kurzarbeitergeld ausgeschlossen** sein.
- Der Anspruch auf Transferkurzarbeitergeld setzt weiterhin voraus, dass sich die Arbeitnehmer vor der Überleitung in die beE aus Anlass der Betriebsänderung **arbeitssuchend melden** und

- an einer arbeitsmarktlich zweckmäßigen Maßnahme zur Feststellung der Eingliederungsaussichten, einer sog. **„Profiling-Maßnahme“** teilgenommen haben. In Ausnahmefällen können die Feststellungsmaßnahmen innerhalb eines Monats nachgeholt werden.

66. Für welche Personen ist das Transferkurzarbeitergeld ausgeschlossen?

Das Transferkurzarbeitergeld wird beispielsweise solchen Arbeitnehmern **nicht** gewährt, die **nicht arbeitslosenversicherungspflichtig** beschäftigt sind. Dies gilt insbesondere für Arbeitnehmer, die die Regelaltersrente erreicht haben, die eine Rente wegen voller Erwerbsminderung beziehen oder denen eine vergleichbare Leistung eines ausländischen Leistungsträgers zuerkannt ist. Weiterhin sind geringfügig Beschäftigte iSv § 8 SGB IV vom Bezug des Transferkurzarbeitergeldes ausgeschlossen. Ausgeschlossen ist der Bezug von Transferkurzarbeitergeld grds. auch für Teilnehmer an einer beruflichen Weiterbildungsmaßnahme, die bereits Arbeitslosengeld oder Übergangsgeld erhalten. Auch solange Arbeitnehmer Krankengeld beziehen, erhalten sie kein Transferkurzarbeitergeld.

67. Wie lange und in welcher Höhe wird Transferkurzarbeitergeld gezahlt?

Das Transferkurzarbeitergeld wird maximal für einen Zeitraum von **zwölf Monaten** gezahlt. Arbeitnehmer, die mindestens ein Kind im einkommenssteuerlichen Sinn haben oder deren Ehegatten zumindest ein Kind in diesem Sinn haben, erhalten Kurzarbeitergeld in Höhe von **67%** des letzten Nettoeinkommens. Alle übrigen Arbeitnehmer erhalten **60%** des letzten Nettogehalts. Meistens wird das Transferkurzarbeitergeld **durch den Arbeitgeber aufgestockt.** Die Höhe des Aufstockungsbetrags handeln die Tarifparteien oder Betriebspartner aus.

68. Was muss bei Abschluss des Transfersozialplans beachtet werden?

Der Transfer von Arbeitnehmern im hier dargestellten Sinn basiert meistens auf einem **Transfersozialplan**. Dieser Sozialplan darf nicht allein darauf gerichtet sein, die gekündigten Arbeitnehmer finanziell abzufinden. Vielmehr muss er vorrangig durch **Vermittlungs- und Qualifizierungsangebote** den Übergang in ein Beschäftigungsverhältnis erleichtern oder diesbezüglich Anreize schaffen (Fitting BetrVG §§ 112, 112a Rn. 223). Maßnahmen hierzu sind beispielsweise die **Einführung von Sprinterklauseln**. Danach erhalten Arbeitnehmer eine zusätzliche Prämie, wenn sie möglichst früh aus dem bestehenden Arbeitsverhältnis ausscheiden. Dies werden sie üblicherweise nur tun, wenn sie eine neue Anstellung gefunden haben. Im Transfersozialplan kann insbesondere die Einrichtung einer Beschäftigungsgesellschaft mit Anspruch auf Kurzarbeitergeld für die von den Betriebsänderungen betroffenen Arbeitnehmer vereinbart werden. Der Arbeitgeber bzw. der Insolvenzverwalter verpflichtet sich in diesem Transfersozialplan zur Finanzierung der Durchführung von Transfermaßnahmen und der Einrichtung einer Beschäftigungsgesellschaft mit der Möglichkeit, den Arbeitnehmern Transferkurzarbeitergeld zu zahlen.

69. Was muss der Arbeitnehmer tun, um bei der betriebsorganisatorisch eigenständigen Einheit angestellt zu sein?

Wenn Arbeitnehmer bei der **betriebsorganisatorisch eigenständigen Einheit** (→ *Frage 63: Was ist eine Transfergesellschaft?*) angestellt sein wollen, müssen sie sich **sofort**, nachdem sie von dem Beendigungszeitpunkt ihres Arbeitsverhältnisses erfahren haben, bei der Agentur für Arbeit arbeitssuchend melden. Weiterhin müssen die Arbeitnehmer die meist **dreiseitigen Verträge** – zwischen den drei Parteien oder Seiten: Arbeitnehmer, (starker vorläufiger) Insolvenzverwalter und Beschäftigungsgesellschaft – **unterzeichnen.** Dieser enthält einerseits einen **Aufhebungsvertrag** betreffend das Arbeitsverhältnis mit dem Insolvenzverwalter und andererseits einen **neuen befristeten Arbeitsvertrag** mit der Beschäftigungsgesellschaft. Dort werden die Arbeitnehmer sofort in Kurzarbeit überführt. Die Unterzeichnung des dreiseitigen Vertrags zum Eintritt in die betriebsorganisatorisch eigenständige Einheit hat auch **keine** Sperrfrist hinsichtlich des Arbeitslosengeldes zur Folge.

70. Wann ist eine Transfergesellschaft sinnvoll?

Sinnvoll können Sanierungskonzepte mit Transfergesellschaften sein, wenn innerhalb eines Betriebs oder Betriebsteils eine **Vielzahl von Kündigungen** erfolgen, der **Betrieb(steil)** aber nach einem **Betriebsübergang** (→ *Frage 90: Wer muss Unternehmensveräußerungen zustimmen?* ff.) **fortgeführt werden** soll. In solchen Fällen können die zu erwartenden Kündigungsschutzklagen dazu führen, dass der geplante Betriebsübergang scheitert und alle Arbeitnehmer ihren Arbeitsplatz verlieren. Eine hohe Anzahl von Kündigungsschutzklagen ist nämlich dazu geeignet, **Investoren abzuschrecken.** Zum einen ist die Verteidigung gegen Kündigungsschutzklagen mit Kosten- und Zeitaufwand verbunden. Häufig müssen auch noch Abfindungen und rückständige Gehälter gezahlt werden. Zum anderen besteht in solchen Fällen häufig Unklarheit über den tatsächlichen Personalbestand und die Personalkosten. Dagegen kann durch eine Transfergesellschaft eine **größere Rechtssicherheit für den Betriebserwerber** erreicht werden.

Es gibt aber auch **unseriöse Sanierungskonzepte,** die die Transfergesellschaft in erster Linie als Mittel zur Umgehung der Vorschriften über einen **Betriebsübergang** (→ *Frage 91: Unter welchen Voraussetzungen liegt ein Betriebs(-teil)übergang vor?*) einsetzen. Folge einer solchen unzulässigen Umgehung ist grds., dass der **dreiseitige Vertrag** (→ *Frage 69: Was muss der Arbeitnehmer tun, um bei der betriebsorganisatorisch eigenständigen Einheit angestellt zu sein?*) nichtig ist, das Arbeitsverhältnis mit dem Insolvenzverwalter nicht beendet ist und die Bestimmungen des § 613a BGB zum Betriebsübergang gelten.

Ein solcher **Umgehungsfall** liegt beispielsweise vor, wenn die folgenden Voraussetzungen erfüllt sind (BAG 25.10.2012 – 8 AZR 572/11):

- Der Betriebserwerber legt einem Arbeitnehmer, der in die Transfergesellschaft zu wechseln beabsichtigt, im Zusammenhang mit **dem dreiseitigen Vertrag** (→ *Frage 69: Was muss der Arbeitnehmer tun, um bei der betriebsorganisatorisch eigenständigen Einheit angestellt zu sein?*) einen oder mehrere Arbeitsverträge zur Unterzeichnung vor, den bzw. die der Erwerber selbst noch nicht unterschrieben hat.
- Dieser oder diese neuen Arbeitsverträge sehen vor, dass der Arbeitnehmer kurze Zeit nach seinem Wechsel in die Transfergesellschaft ein Arbeitsverhältnis beim Erwerber aufnimmt.
- Der Erwerber hat einen vom Arbeitnehmer unterzeichneten Arbeitsvertrag **noch vor dem Wechsel des Arbeitnehmers in die Transfergesellschaft** ebenfalls unterschrieben und dem Arbeitnehmer zukommen lassen.
- Bei dem Unternehmenskauf liegen die Voraussetzungen des Betriebsübergangs nach § 613a BGB vor.

In diesem Beispielsfall liegt aus dem folgenden Grund eine unzulässige Umgehung der Bestimmungen des § 613a BGB vor: Der im Rahmen des dreiseitigen Vertrags abgeschlossene Aufhebungsvertrag betreffend das bisherige Arbeitsverhältnis sollte nur die Kontinuität dieses Arbeitsverhältnisses beseitigen, damit die Folgen des § 613a BGB nicht eintreten. Der Arbeitsplatz des betroffenen Arbeitnehmers sollte dagegen erhalten bleiben (BAG 25.10.2012 – 8 AZR 572/11). Es kann aber auch andere unseriöse Sanierungskonzepte mit einer Transfergesellschaft geben, bei denen der Nachweis der Umgehung oder des Rechtsmissbrauchs schwerer zu führen ist.

Praxistipp

Wird eine Transfergesellschaft eingeschaltet, ist es wichtig, dass die Arbeitnehmer von ihren Arbeitnehmervertretern über die Chancen und Risiken eines solchen Konzepts unterrichtet werden. Sie verzichten durch Eintritt in die Transfergesellschaft auf ihren Arbeitsplatz, der im Fall der Insolvenz unter Umständen aber nicht viel wert ist. Das gilt insbesondere, wenn die Betriebsstill-

legung droht. Anders kann es aber sein, wenn es zu einem Betriebsübergang kommt. Weiterhin muss der Betriebsrat auch die Interessen von verbleibenden Arbeitnehmern berücksichtigen, die im Fall eines Betriebsübergangs die Chance auf eine dauerhafte Weiterbeschäftigung haben. Wenn der Betriebsrat einen Vertreter im (vorläufigen) Gläubigerausschuss hat, sollte er sich mit diesem unbedingt über die Vor- und Nachteile einer Transfergesellschaft beraten. Erst dann sollte der Betriebsrat Empfehlungen an die Arbeitnehmer aussprechen.

Am Ende der Sitzung entscheidet sich der Insolvenzausschuss des Gesamtbetriebsrats der Maier GmbH dazu, die Transfergesellschaft zu unterstützen.

→ *Muster 6: Entscheidungshilfe: „Soll der Gesamtbetriebsrat die Gründung einer Transfergesellschaft unterstützen?"*

IX. Überblick über den Ablauf des eröffneten Insolvenzverfahrens

Einen Tag vor Eröffnung des Insolvenzverfahrens lagen die vom starken vorläufigen Insolvenzverwalter der Maier GmbH unterschriebenen Kündigungsschreiben in den Briefkästen der von den Betriebsschließungen betroffenen Arbeitnehmer, die nicht die **dreiseitigen Verträge** (→ *Frage 69: Was muss der Arbeitnehmer tun, um bei der betriebsorganisatorisch eigenständigen Einheit angestellt zu sein?*) zum Eintritt in die Transfergesellschaft unterschrieben haben. Inzwischen wurde der bisherige starke vorläufige Insolvenzverwalter durch das Insolvenzgericht zum Insolvenzverwalter bestellt. Auch der Gläubigerausschuss ist mit den bisherigen Mitgliedern des vorläufigen Gläubigerausschusses bestellt worden.

Praxistipp

Dass das Insolvenzverfahren eröffnet ist, wer zum Insolvenzverwalter bestellt worden ist und wer in den Gläubigerausschuss einberufen wurde, steht im Eröffnungsbeschluss des Insolvenzgerichts. Diesen können die Betriebsräte unter www.insolvenzbekanntmachungen.de abrufen.

Der Gesamtbetriebsrat wendet sich an seinen Rechtsanwalt, der ihn im Gläubigerausschuss vertritt, mit der Frage, was die Eröffnung des Insolvenzverfahrens bedeutet.

→ *Muster 7: Zeitstrahl: Insolvenzverfahren*

71. Was bedeutet Insolvenzeröffnung?

Mit der Entscheidung des Insolvenzgerichts über den Insolvenzantrag endet das **Insolvenzeröffnungsverfahren** (→ *Frage 11: Was passiert nach Insolvenzantragstellung während des Insolvenzeröffnungsverfahrens?*). Das Insolvenzverfahren wird durch Beschluss nach § 27 InsO des Insolvenzgerichts eröffnet, wenn die nachfolgenden Voraussetzungen erfüllt sind:

- ein zulässiger **Insolvenzantrag** gestellt ist,
- ein **Insolvenzgrund** vorliegt
- und **ausreichend schuldnerisches Vermögen** zur Deckung der Verfahrenskosten vorhanden ist.

Im **Eröffnungsbeschluss** wird der **Insolvenzverwalter bestimmt,** der üblicherweise mit der Person des vorläufigen Insolvenzverwalters identisch ist. Weiterhin enthält dieser Beschluss regelmäßig die Aufforderung an die Gläubiger, innerhalb der vom Insolvenzgericht festgesetzten Frist, ihre **Forderungen** beim Insolvenzverwalter **anzumelden** und ihre **Sicherungsrechte** (→ *Frage 8: Welche Arten von Ansprüchen gibt es in der Insolvenz?*) mitzuteilen.

Mit der **Eröffnung des Insolvenzverfahrens** geht die Befugnis, über das Vermögen des Schuldners zu verfügen, auf den Insolvenzverwalter über (§ 80 InsO). Der Insolvenzverwalter übernimmt die Insolvenzmasse, indem er sie in Besitz und in Verwaltung nimmt. Im eröffneten Insolvenzverfahren kommt dem Insolvenzverwalter die Stellung als **Arbeitgeber** zu. Da im Insolvenzeröffnungsverfahren über das Vermögen der Maier GmbH allerdings bereits ein **starker vorläufiger Insolvenzverwalter** bestellt worden war, hat sich insoweit durch die Insolvenzeröffnung nichts geändert (→ *Frage 21: Wer ist auf Arbeitgeberseite Ansprechpartner des Betriebsrats?*).

In dem Sonderfall, dass der Schuldner eine selbständige Tätigkeit ausübt und der Insolvenzverwalter das Vermögen aus dieser Tätigkeit gem. § 35 Abs. 2 InsO aus der Insolvenzmasse freigegeben hat, erlangt der Schuldner seine Verwaltungs- und Verfügungsbefugnis und seine Arbeitgebereigenschaft zurück, so dass noch nicht eingereichte Kündigungsschutzklagen gegen den Schuldner zu richten sind (BAG 21.11.2013 – 6 AZR 979/11).

Die **Insolvenzgläubiger** melden nach Insolvenzeröffnung ihre Forderungen an, die keine Masseforderungen sind (§ 174 InsO). Einfache **Insolvenzforderungen** (→ *Frage 23: Welche Ansprüche werden bei der Bestellung des schwachen vorläufigen Insolvenzverwalters bezahlt?*) werden nur mit der Insolvenzquote befriedigt, nachdem sämtliche **Masseansprüche** (→ *Frage 76: Wie werden die Arbeitnehmer nach Eröffnung des Insolvenzverfahrens bezahlt?*) befriedigt worden sind.

Sofern nicht bereits im Insolvenzeröffnungsverfahren ein Investor gefunden wurde, wird meistens im eröffneten Insolvenzverfahren weiter nach einem solchen gesucht. Wird kein Investor gefunden, prüft der Insolvenzverwalter, ob das Unternehmen auch ohne Investor fortgeführt werden kann. Entscheidend ist, ob die Fortführung des Unternehmens letzten Endes zu einer höheren Quote für die Gläubiger führt, als die Zerschlagung des Unternehmens. Sofern das Unternehmen nicht fortgeführt werden kann, wird der Betrieb stillgelegt, die Masse verwertet und der Erlös an die Gläubiger verteilt.

72. Was ist bei der Forderungsanmeldung zu beachten?

Im **Eröffnungsbeschluss** (→ *Frage 71: Was bedeutet Insolvenzeröffnung?*) des Insolvenzgerichts betreffend das Insolvenzverfahren der Maier GmbH ist die Frist für die Forderungsanmeldung mit drei Monaten angegeben. Wird diese Frist nicht eingehalten, können Forderungen zwar noch eine gewisse Zeit vor dem Abschluss des Insolvenzverfahrens **nachträglich angemeldet** werden. Allerdings können den Insolvenzgläubigern, die ihre Forderungen verspätet anmelden, **Kosten** entstehen.

Praxistipp

Den Eröffnungsbeschluss mit der Frist zur Forderungsanmeldung findet man unter www.insolvenzbekanntmachungen.de.

Insolvenzforderungen müssen **schriftlich gegenüber dem Insolvenzverwalter** angemeldet werden, wobei deren Grund und Höhe anzugeben ist.

Praxistipp

Der Forderungsanmeldung sollten die Unterlagen, die das Bestehen und die Höhe der Forderung belegen, als Beweismittel beigefügt werden. Ansonsten besteht die Gefahr, dass der Insolvenzverwalter die Forderung ohne Unterlagen nicht prüfen kann und deshalb ***bestreitet*** *(→ Frage 74: Was ist der Prüfungstermin?).*

Die Insolvenzforderungen müssen von den einzelnen Arbeitnehmern nach Eröffnung des Insolvenzverfahrens angemeldet werden. Hierzu gibt es Formulare im Internet. Man kann sie auch vom Insolvenzverwalter erhalten. Wichtig ist die Unterscheidung zwischen Insolvenzforderungen und Masseansprüchen (→ *Frage 76: Wie werden die Arbeitnehmer nach Eröffnung des Insolvenzverfahrens bezahlt?*).

Praxistipp

Der Insolvenzverwalter kann den Arbeitnehmern die Forderungsanmeldung erleichtern. Hierzu ist er allerdings nicht verpflichtet. Insbesondere kann der Gesamtbetriebsrat den Insolvenzverwalter darum bitten, zur Vorbereitung der Forde-

rungsanmeldung jedem Arbeitnehmer ein Schreiben zu schicken, in dem seine persönlichen Insolvenzforderungen aus dem Arbeitsverhältnis aufgelistet sind, soweit sie dem Insolvenzverwalter bekannt sind. Die Arbeitnehmer müssen diese Auflistung kontrollieren, gegebenenfalls ergänzen und diese Schreiben unterschrieben an den Insolvenzverwalter zurückschicken. Hierbei sollte die gesetzte Frist zur Forderungsanmeldung beachtet werden.

→ *Muster 2: Info-Schreiben zum Thema „Welche Ansprüche werden in der Insolvenz noch erfüllt?"*

→ *Muster 8: Unterscheidung von Gehaltsforderungen in Masseansprüche und Insolvenzforderungen*

73. Was ist der Berichtstermin?

Während eines Zeitraums von sechs Wochen bis zu drei Monaten nach Insolvenzeröffnung soll der **Berichtstermin** stattfinden (§ 29 Abs. 1 Nr. 1 InsO). In diesem Termin erstattet der Insolvenzverwalter über die wirtschaftliche Situation des schuldnerischen Unternehmens Bericht. Hierbei werden die Ursachen der wirtschaftlichen Lage des Unternehmens, seine Sanierungsaussichten und die mögliche Gläubigerbefriedigung thematisiert. Der Schuldner bzw. die frühere Geschäftsführung des insolventen Unternehmens können zu dem Bericht des Insolvenzverwalters Stellung nehmen. Dieses Recht haben auch der **Gläubigerausschuss** (→ *Frage 32: Welche Funktion hat der (vorläufige) Gläubigerausschuss?* ff.) und der **Gesamtbetriebsrat.**

Weiterhin trifft die Gläubigerversammlung wesentliche Entscheidungen, zB die Stilllegung oder vorläufige Fortführung des insolventen Unternehmens (§ 157 S. 1 InsO). Der Insolvenzverwalter kann grds. **vor dem Berichtstermin** eine Betriebsstilllegung nur mit Zustimmung des Gläubigerausschusses durchführen (§ 158 InsO).

Nach dem Berichtstermin darf mit der **Verwertung** der **Insolvenzmasse** begonnen werden. Das bedeutet, dass Vermögensgegenstände des insolventen Unternehmens veräußert werden.

74. Was ist der Prüfungstermin?

Im Eröffnungsbeschluss des Insolvenzverfahrens wird auch der **Prüfungstermin** (§ 176 InsO) bekannt gegeben. Dieser Termin dient der **Sicherung der Insolvenzforderungen.** Die angemeldeten Insolvenzforderungen werden im Prüfungstermin von der Gläubigerversammlung, dem Schuldner und dem Insolvenzverwalter geprüft. Gläubiger können hierbei einzelnen Forderungen widersprechen. Das Erheben des Widerspruchs gegen Insolvenzforderungen im Prüfungstermin wird auch **„Bestreiten"** genannt. Wird eine angemeldete Forderung vom Insolvenzverwalter oder einem Insolvenzgläubiger bestritten, so hat deren Inhaber nur noch die Möglichkeit, das Bestehen der Forderung mittels einer Klage feststellen lassen (§ 179 InsO). Nicht bestrittene Forderungen werden dagegen vom Insolvenzverwalter in die Forderungstabelle aufgenommen und dort festgestellt. Ihre Inhaber werden am Ende des Insolvenzverfahrens aus der **Insolvenzmasse** (→ *Frage 8: Welche Arten von Ansprüchen gibt es in der Insolvenz?*) mit der Insolvenzquote befriedigt.

Praxistipp

Eine Feststellungsklage wegen bestrittener Insolvenzforderungen lohnt sich meistens wirtschaftlich nicht. Denn regelmäßig ist die zu erwartende Quote, die die Insolvenzgläubiger auf ihre Forderungen erhalten, zu niedrig.

Der Prüfungstermin soll eine Woche bis zwei Monate nach Ablauf der Frist zur Anmeldung der Insolvenzforderungen stattfinden. Der Prüfungstermin darf mit dem Berichtstermin zusammengelegt werden (§ 29 Abs. 2 InsO).

Praxistipp

Wird der Prüfungstermin nicht mit dem Berichtstermin zusammengelegt, ist es grds. nicht erforderlich, dass ein Vertreter des Betriebsrats an dem Prüfungstermin teilnimmt.

75. Wie erfolgt die Verteilung der Masse und was ist der Schlusstermin?

Die **Schlussverteilung** erfolgt, sobald die **Verwertung** der **Insolvenzmasse** abgeschlossen ist – abgesehen von laufendem Einkommen (§ 196 Abs. 1 InsO). Voraussetzung für die Schlussverteilung ist die Zustimmung des Insolvenzgerichts (§ 196 Abs. 2 InsO). Die Verwertung der Vermögensgegenstände dauert meistens mehrere Jahre.

Vor der Schlussverteilung muss der Insolvenzverwalter ein **Verteilungsverzeichnis** nach § 188 InsO aufstellen. Darin sind die Forderungen aufgelistet, die bei der Schlussverteilung berücksichtigt werden sollen. Dieses wird bei der Geschäftsstelle des zuständigen Insolvenzgerichts zwei Wochen zur Einsicht der Beteiligten niedergelegt. Weiterhin teilt der Insolvenzverwalter dem Gericht die Summe der zu berücksichtigenden Forderungen und die Summe des für die Verteilung zur Verfügung stehenden Betrags mit. Das Gericht gibt beides öffentlich bekannt. Ist eine Forderung nicht berücksichtig worden, kann ein **Insolvenzgläubiger** (→ *Frage 23: Welche Ansprüche werden bei der Bestellung des schwachen vorläufigen Insolvenzverwalters bezahlt?*) dem Insolvenzverwalter innerhalb einer Frist von weiteren zwei Wochen nachweisen, dass für einen bestimmten Betrag eine Feststellungsklage anhängig ist.

Das Gericht setzt den Schlusstermin als abschließende Gläubigerversammlung fest. Hierbei können **Einwendungen gegen das Schlussverzeichnis** erhoben werden. Weiterhin entscheiden die Gläubiger über nicht verwertbare Gegenstände, soweit solche vorhanden sind. Nachdem über Einwendungen der Gläubiger entschieden wurde, kommt es zur Schlussverteilung. Nach Beendigung der Schlussverteilung wird das Insolvenzverfahren nach § 200 InsO aufgehoben.

Vor der Schlussverteilung kann es zu **Abschlagsverteilungen** an die Insolvenzgläubiger nach § 187 Abs. 2 InsO kommen, sofern hierfür ausreichend Barmittel vorhanden sind.

X. Rechtslage nach der Insolvenzeröffnung

Der Gesamtbetriebsrat und die örtlichen Betriebsräte müssen sich nach Eröffnung des Insolvenzverfahrens vertieft mit der neuen Rechtslage auseinandersetzen. Die folgenden Fragen sind die, die Arbeitnehmervertreter in dieser Phase am häufigsten beantworten müssen.

76. Wie werden die Arbeitnehmer nach Eröffnung des Insolvenzverfahrens bezahlt?

Für die Zeit **nach der Eröffnung des Insolvenzverfahrens** sind die Ansprüche aus dem Arbeitsverhältnis **Masseansprüche.** Entscheidend ist, dass die Arbeitsleistung für die Zeit nach Eröffnung des Insolvenzverfahrens geschuldet ist (BAG 19.10.2004 – 9 AZR 647/03). Bei Leistungen, die nach Insolvenzeröffnung begründet werden, kommt es nicht darauf an, ob sie für die Masse in Anspruch genommen werden. Nach Ausspruch der Kündigung ist die Freistellung unter Anrechnung des Urlaubsanspruchs zulässig. Auch im Fall der **Freistellung** ist die Vergütung als Masseanspruch voll zu zahlen (Annahmeverzugslohn).

Anders verhält es sich dagegen bei Leistungen, die für die Zeit **vor der Insolvenzeröffnung** geschuldet werden. Diese sind grds. **Insolvenzforderungen** (→ *Frage 23: Welche Ansprüche werden bei der Bestellung des schwachen vorläufigen Insolvenzverwalters bezahlt?*). Ist allerdings ein **starker vorläufiger Insolvenzverwalter** (→ *Frage 30: Welche Ansprüche werden bei der Bestellung des starken vorläufigen Insolvenzverwalters vollständig und welche teilweise bezahlt?*) bestellt worden, stellen die Vergütungsansprüche für Leistungen, die dieser für die Masse in Anspruch nimmt, Masseverbindlichkeiten dar. Bei freigestellten Arbeitnehmern wird die Arbeitsleistung nicht mehr für die Masse in Anspruch genommen. Daher sind Vergütungsansprüche von freigestellten Arbeitnehmern für Leistungen, die **vor Insolvenzeröffnung** geschuldet werden, nur Insolvenzforderungen. Arbeitnehmer, die vor Eröffnung des Insolvenzverfahrens gekündigt und freigestellt wurden, steht für die Zeit des Insolvenzeröffnungsverfahrens **Insolvenzgeld** zu. Für den Zeitraum zwischen Insolvenzeröffnung und Beendigung des Arbeitsverhältnisses steht ihnen grds. **Arbeitslosengeld** zu. Der Masseanspruch betreffend die Vergütung für den Zeitraum nach Insolvenzeröffnung geht auf die Agentur für Arbeit über, wenn diese Insolvenz- und Arbeitslosengeld zahlt.

Maßgeblicher Zeitpunkt für die Einordnung von Forderungen in Insolvenzforderungen und Masseansprüche ist das **Entstehen des Anspruchs,** nicht die Fälligkeit des Anspruchs. Dies gilt grds. für alle Lohn- und Gehaltsansprüche, aber auch für Zulagen, Fahrgeld, Überstundenvergütung oder vergleichbare Leistungen des Arbeitgebers. Bei Gratifikationen, die nicht den Charakter von Entgelt haben, kommt es darauf an, wann der Stichtag ist.

→ *Muster 1: Info-Schreiben zum Thema „Insolvenzgeld"*

→ *Muster 2: Info-Schreiben zum Thema „Welche Ansprüche werden in der Insolvenz noch erfüllt?"*

→ *Muster 8: Unterscheidung von Gehaltsforderungen in Masseansprüche und Insolvenzforderungen*

→ *Muster 9: Unterscheidung von Jahresleistungen und Gratifikationen in Masseansprüche und Insolvenzforderungen*

77. Was bedeutet Masseunzulänglichkeit für Betriebsrat und Arbeitnehmer?

Reicht die Masse zwar aus, um die **Verfahrenskosten** zu decken, aber **nicht,** um **alle Masseansprüche** zu erfüllen, liegt **Masseunzulänglichkeit** vor. Der Insolvenzverwalter hat die (drohende) Masseunzulänglichkeit **anzuzeigen;** diese ist vom Gericht **öffentlich bekanntzumachen** (§ 208 InsO).

Bleibt die Masseunzulänglichkeit bis zum Ende des Insolvenzverfahrens bestehen, werden (nach Abzug der Verfahrenskosten) nur noch solche Forderungen voll bzw. anteilig (quotal) erfüllt, die **nach** der Anzeige der Masseunzulänglichkeit begründet worden sind. Diese Forderungen nennt man **Neumasseverbindlichkeiten** (§ 209 Abs. 1 Nr. 2 InsO). Davon zu unterscheiden sind die sog. **Altmasseverbindlichkeiten** (§ 209 Abs. 1 Nr. 3 InsO). Das sind Masseansprüche, die vor der Anzeige der Masseunzulänglichkeit begründet worden sind. Auf sie erfolgen nur dann anteilige (quotale) Zahlungen, wenn nach Begleichung aller Verfarhenskosten und Neumasseverbindlichkeiten noch Masse vorhanden ist. Auf Insolvenzforderungen kann in diesem Fall gar nichts gezahlt werden.

Neumasseverbindlichkeiten sind auch die Forderungen aus Arbeitsverträgen, deren **Erfüllung** der Insolvenzverwalter nach Anzeige der Masseunzulänglichkeit **wählt;** Gleiches gilt für Entgeltforderungen für **Arbeitsleistungen,** die der Insolvenzverwalter nach der Anzeige der Masseunzulänglichkeit für die Insolvenzmasse **in Anspruch genommen** hat (§ 209 Abs. 2 Nr. 1 bzw. Nr. 3 InsO). Schließlich sind die Forderungen aus Arbeitsvertrag privilegierte Neumasseverbindlichkeiten für die Zeit **nach dem ersten Termin, zu dem der Verwalter** nach der Anzeige der Masseunzulänglichkeit **kündigen konnte** (§ 209 Abs. 2 Nr. 2 InsO).

Die Anzeige der Masseunzulänglichkeit bedeutet aus Arbeitnehmer- und Betriebsratssicht im Einzelnen das Folgende:

- Für die Begleichung der **Ansprüche aus Sozialplänen** (→ *Frage 61: Welche Folgen hat es für die Höhe der Abfindungen, wenn der Sozialplan nach der Eröffnung des Insolvenzverfahrens abgeschlossen wird?*) darf nicht mehr als ein Drittel der Masse verwendet werden, die ohne Sozialplan für die Verteilung der Insolvenzgläubiger zur Verfügung zustünde (§ 123 Abs. 2 S. 2 InsO). Besteht am Ende des Insolvenzverfahrens Masseunzulänglichkeit, können Sozialplanansprüche daher nicht bedient werden (BAG 21.1.2010 – 6 AZR 785/08). Dennoch ist es nicht von vornherein sinnlos, mit dem Insolvenzverwalter nach Anzeige der Masseunzulänglichkeit noch einen Sozialplan zu vereinbaren, denn bis zum Ende des Insolvenzverwahrens können ggf. noch Mittel für Zahlung auf Ansprüche daraus vorhanden sein, etwa bei unverhoffter Verwertung von Vermögensgegenständen oder Erfüllung von Forderungen des Schuldners.
- Nimmt der Insolvenzverwalter nach Anzeige der Masseunzulänglichkeit die **erste Möglichkeit zur wirksamen Kündigung** von Arbeitsverhältnissen wahr, sind die in der Kündigungsfrist noch begründeten Arbeitnehmerforderungen nur dann **Altmasseverbindlichkeiten,** wenn er die betreffenden Arbeitnehmer **freistellt** (und sich ihre Forderungen als sog. „Annahmeverzugsansprüche" darstellen). Nimmt er demgegenüber die Arbeitsleistung der gekündigten Arbeitnehmer an, haben deren entsprechende Entgeltforderungen den Rang als Neumasseverbindlichkeiten nach § 209 Abs. 2 Nr. 3 InsO (BAG 31.3.2004 – 10 AZR 253/03). **Versäumt** der Insolvenzverwalter nach Anzeige der Masseunzulänglichkeit die Kündigung eines Arbeitsverhältnisses zum erstmöglichen Termin, stellen die für die Zeit nach diesem hypothetischen Beendigungszeitpunkt bis zum tatsächlichen Beendigungszeitpunkt noch entstehenden Arbeitnehmerforderungen **Neumasseverbindlichkeiten** nach § 209 Abs. 2 Nr. 2 InsO dar. Hierfür spielt es keine Rolle, ob die Arbeitnehmer tatsächlich Arbeitsleistungen erbracht haben oder freigestellt waren (BAG 31.3.2004 – 10 AZR 253/03; BAG 22.2.2018 – 6 AZR 868/16). Unerheblich ist auch, ob der Insolvenzverwalter die erste Kündigungsmöglichkeit der Arbeitsverhältnisse unterlassen hat, um so die Chance für eine Sanierung offenzuhalten (BAG 31.3.2004 – 10 AZR 253/03). Die für die Zeit nach dem erstmöglichen Kündigungstermin noch entstehenden Arbeitnehmeransprüche sind auch dann Neumasseverbindlichkeiten, wenn sich die vom Insolvenzverwalter ausgesprochene Kündigung als unwirksam erweist (BAG 22.2.2018 – 6 AZR 868/16).
- **Nachteilsausgleichsansprüche** (→ *Frage 51: Welche Folgen hat es, wenn der vorläufige Insolvenzverwalter im Insolvenzeröffnungsverfahren die Rechte des Betriebsrats nicht wahrt?*) sind noch voll zu erfüllen, wenn sie darauf beruhen, dass der Insolvenzverwalter **nach der Anzeige der Masseunzulänglichkeit** betriebsverfassungsrechtliche Pflichten im Zusammenhang mit § 111 BetrVG verletzt hat (BAG 30.5.2006 – 1 AZR 25/05).

78. Unter welchen Voraussetzungen darf der Insolvenzverwalter Betriebsvereinbarungen kündigen?

Beispiel

Bei der Maier GmbH bestehen mehrere Betriebsvereinbarungen, die auch Leistungspflichten des Arbeitgebers vorsehen.

Hinsichtlich Betriebsvereinbarungen, die die Insolvenzmasse belasten, steht dem Insolvenzverwalter ein **Sonderkündigungsrecht** mit einer dreimonatigen Kündigungsfrist nach § 120 Abs. 1 S. 2 InsO zu. Dieses gilt nur für den Insolvenzverwalter **nach Eröffnung des Insolvenzverfahrens,** nicht bereits für den starken vorläufigen Insolvenzverwalter im Insolvenzeröffnungsverfahren (BAG 30.5.2006 – 1 AZR 25/05). Vor der Kündigung sollen der Insolvenzverwalter und der Betriebsrat über die einvernehmliche Herabsetzung der Leistungen aus der Betriebsvereinbarung verhandeln (§ 120 Abs. 1 S. 1 InsO). Allerdings soll das **Fehlen der Beratung** nicht zu einer Unwirksamkeit der Kündigung nach § 120 InsO führen (Hamburger Kommentar zum Insolvenzrecht/Ahrendt, 9. Aufl. 2022, InsO § 120 Rn. 7). Das Recht zur **außerordentlichen fristlosen Kündigung** der Betriebsvereinbarung aus wichtigem Grund besteht auch während des Insolvenzverfahrens. Die Vorschrift des § 120 InsO soll für alle Betriebsvereinbarungen nach § 77 Abs. 2 BetrVG einschließlich Sozialplänen und Gesamt- und Konzernbetriebsvereinbarungen gelten. Voraussetzung ist, dass die Regelung die Insolvenzmasse belastet. Für die Belastung der Insolvenzmasse in diesem Sinn ist es ausreichend, dass die Zahlungsverpflichtung des Insolvenzverwalters als Arbeitgeber begründet wird. Kündigt der Insolvenzverwalter eine Betriebsvereinbarung nach § 120 InsO, kommt es im Rahmen der erzwingbaren Mitbestimmung zu einer **Nachwirkung** nach § 77 Abs. 6 BetrVG.

79. Unter welchen Voraussetzungen kann ein Sozialplan während des Insolvenzverfahrens widerrufen werden?

Beispiel

Die Geschäftsführung der Maier GmbH und einige örtliche Betriebsräte haben einige Monate vor der Stellung des Insolvenzantrags Sozialpläne abgeschlossen. Haben diese Sozialpläne trotz Insolvenzeröffnung Bestand?

Sowohl der Insolvenzverwalter als auch der Betriebsrat sind dazu berechtigt, einen **Sozialplan zu widerrufen,** der vor Eröffnung des Insolvenzverfahrens, aber nicht früher als drei Monate vor dem Eröffnungsantrag aufgestellt worden ist. Der Insolvenzantrag betreffend das Vermögen der Maier GmbH wurde am 1.3.2022 gestellt. Örtliche Sozialpläne, die nach dem 1.12.2021 abgeschlossen worden sind, kann der Insolvenzverwalter widerrufen. Dieses Recht steht auch dem **Betriebsrat** zu.

Die Vorschrift des § 120 InsO gilt wohl nicht für Sozialpläne. Insoweit ist der speziellere § 124 InsO anwendbar, der ein Widerrufsrecht nur für Sozialpläne bestimmt.

Praxistipp

Zu beachten ist, dass der Insolvenzverwalter auch berechtigt ist, einen Sozialplan, an dem er als vorläufiger Insolvenzverwalter selbst mitgewirkt hat, nach § 124 InsO zu widerrufen.

80. Müssen bereits gezahlte Abfindungen im Fall des Widerrufs zurückgezahlt werden?

Beispiel

An einigen Standorten haben gekündigte Arbeitnehmer der Maier GmbH aufgrund der kurz vor dem Insolvenzantrag abgeschlossenen und danach wirksam widerrufenen Sozialpläne bereits Abfindungen erhalten. Müssen diese Abfindungen an den Insolvenzverwalter zurückgezahlt werden?

Wenn ein Arbeitnehmer **vor der Insolvenzeröffnung** auf seinen Anspruch aus einem inzwischen widerrufenen Sozialplan bereits Leistungen erhalten hat, kann der Insolvenzverwalter diese **nicht** wegen des Widerrufs **zurückfordern** (§ 124 InsO) (→ *Frage 60: Kann der Insolvenzverwalter einen Sozialplan widerrufen, der vor Eröffnung des Insolvenzverfahrens abgeschlossen wurde?*). Die Forderungen der Arbeitnehmer können bei der Aufstellung des Sozialplans im Insolvenzverfahren abgesetzt werden. Allerdings kann der Insolvenzverwalter möglicherweise unter den Voraussetzungen der **§§ 129 ff. InsO** eine Auszahlung zurückfordern, wenn er diese erfolgreich **anfechten** konnte (→ *Frage 9: Was ist unter der insolvenzrechtlichen Anfechtung zu verstehen?*).

81. Können vor der Insolvenz abgeschlossene Sozialpläne nach den insolvenzrechtlichen Anfechtungsbestimmungen angefochten werden?

Der Insolvenzverwalter kann, soweit die Voraussetzungen der §§ 129–147 InsO vorliegen, einen vorinsolvenzlichen Sozialplan **anfechten** (→ *Frage 9: Was ist unter der insolvenzrechtlichen Anfechtung zu verstehen?*). Dies kommt bei Sozialplänen, die nicht früher als drei Monate vor dem Antrag auf Eröffnung des Insolvenzverfahrens abgeschlossen worden sind, regelmäßig nicht zum Tragen, da der Insolvenzverwalter diese bereits nach § 124 InsO widerrufen kann.

82. Welche Rechtshandlungen kann der Insolvenzverwalter anfechten?

Allerdings kommt in diesem Zusammenhang die Anfechtung von Zahlungen aufgrund des widerrufenen Sozialplans in Betracht. Grds. ist die **insolvenzrechtliche Anfechtung** nach §§ 129–147 InsO von Sozialplänen, die früher als drei Monate vor dem Insolvenzantrag abgeschlossen worden sind, und bei allen Leistungen aus solchen vorinsolvenzlichen Sozialplänen **möglich.**

XI. Weitere Kündigungen nach Eröffnung des Insolvenzverfahrens

Schließlich sieht sich der Insolvenzverwalter der Maier GmbH gezwungen, weitere Betriebe zu schließen und weitere Kündigungen auszusprechen. In diesem Zusammenhang beantworten die Betriebsräte immer wieder die folgenden Fragen.

83. Welche Kündigungsfristen gelten im eröffneten Insolvenzverfahren?

Zwar gelten alle Gesetze, tarifvertragliche Bestimmungen, Betriebsvereinbarungen sowie individuelle arbeitsvertragliche Vereinbarungen grds. auch während der unterschiedlichen Abschnitte des Insolvenzverfahrens (→ *Frage 17: Gelten arbeitsrechtliche Bestimmungen auch in der Insolvenz?*). Aber hinsichtlich der **Kündigungsfristen** für Arbeitsverhältnisse gilt **ab Eröffnung des Insolvenzverfahrens** die Sonderregelung des § 113 InsO: Danach beträgt die Kündigungsfrist **drei Monate, solange keine kürzere Kündigungsfrist maßgeblich ist.** Hatte der vorläufige Insolvenzverwalter bereits im Insolvenzeröffnungsverfahren Kündigungen ausgesprochen, so kann er nach Eröffnung des Insolvenzverfahrens mit der möglicherweise kürzeren Kündigungsfrist des § 113 InsO **nachkündigen** und ein Arbeitsverhältnis unter Umständen früher beenden (BAG 22.5.2003 – 2 AZR 255/02). Die verkürzte Kündigungsfrist des § 113 S. 2 InsO gilt nicht für eine vom vorläufigen (starken) Insolvenzverwalter ausgesprochene Kündigung eines Arbeitsverhältnisses (BAG 20.1.2005 – 2 AZR 134/04).

84. Kann der Insolvenzverwalter auch Arbeitnehmern kündigen, die eigentlich unkündbar wären?

Die **gesetzlichen Bestimmungen** zum besonderen Kündigungsschutz von Betriebsräten, Schwangeren, Schwerbehinderten und dergleichen haben im Insolvenzverfahren **grds. Bestand.** Allerdings kann auch bei Arbeitnehmern, für die ein gesetzlicher Kündigungsschutz gilt, im Fall der Betriebsstilllegung in der Insolvenz die Kündigung zulässig sein. § 113 InsO verkürzt nicht nur Kündigungsfristen, sondern begründet auch besondere Kündigungsmöglichkeiten. Zwar muss ein Kündigungsgrund nach allgemeinen Grundsätzen vorliegen. **Allerdings hebt § 113 InsO die Unkündbarkeit, die auf einer Vereinbarung beruht, auf.** Das bedeutet, dass Arbeitsverhältnisse, in denen die ordentliche Kündigung individualvertraglich oder tarifvertraglich ausgeschlossen ist, und befristete Arbeitsverhältnisse, in denen die ordentliche Kündigungsmöglichkeit nicht vereinbart ist (§ 15 Abs. 3 TzBfG), nach Eröffnung des Insolvenzverfahrens **ordentlich gekündigt** werden können (BAG 19.1.2000 – 4 AZR 70/99).

85. Auf welche Kündigungsgründe darf sich der Insolvenzverwalter berufen?

Die **Insolvenz** an sich stellt **keinen besonderen Kündigungsgrund** dar. Es gelten vielmehr die allgemeinen Bestimmungen. Der Insolvenzverwalter wird meist aus betriebsbedingten Gründen kündigen. Soweit nicht allen Arbeitnehmern gekündigt wird, muss der Insolvenzverwalter eine **Sozialauswahl** durchführen. Bei der Stilllegung nur eines Betriebsteils muss der Insolvenzverwalter vor Ausspruch der Kündigungen eine Sozialauswahl gem. § 1 Abs. 3 KSchG durchführen. Hierbei darf er die Sozialauswahl nicht auf den verbleibenden Betriebsteil beschränken, wenn er beabsichtigt, andere Betriebsteile zu veräußern. Dies gilt auch, wenn die Veräußerung bzw. der Betriebsübergang nach § 613a BGB erst nach Ablauf der Kündigungsfristen erfolgen wird (BAG 28.10.2004 – 8 AZR 391/03). Der Insolvenzverwalter kann dagegen die Sozialauswahl auf den verbleibenden Betriebsteil beschränken, wenn der Betriebs(-teil)übergang vor

Ausspruch der Kündigungen erfolgt ist (→ *Frage 90: Wer muss Unternehmensveräußerungen zustimmen?* ff.).

86. Welche Rechtsfolgen hat die Kündigung des Insolvenzverwalters nach § 113 InsO?

Kündigt der Insolvenzverwalter das Arbeitsverhältnis vorzeitig unter Einhaltung der Frist des § 113 S. 2 InsO, so steht dem betroffenen Arbeitnehmer ein Anspruch auf Ersatz des Schadens zu, der ihm durch die vorzeitige Kündigung entstanden ist. Man nennt diesen Schadensersatzanspruch auch **„Verfrühungsschaden".** Der Schaden besteht regelmäßig in dem infolge der verkürzten Kündigungsfrist **entgangenen Arbeitslohn.** Anderweitig erzielter Verdienst mindert aber den Schaden und ist somit anzurechnen. Weiterhin sind beispielsweise auch Ansprüche aus der betrieblichen Altersversorgung zu berücksichtigten, wenn der Arbeitnehmer durch die verfrühte Kündigung die notwendige Betriebszugehörigkeit nicht erreicht. Gegebenenfalls sind die Schadensersatzansprüche zu schätzen. Allerdings ist dieser Schadensersatzanspruch grds. nur eine einfache **Insolvenzforderung,** die nach Eröffnung des Insolvenzverfahrens zur Insolvenztabelle anzumelden ist und nur im Ausmaß der Insolvenzquote befriedigt wird.

Praxistipp

*Die **Schadensersatzansprüche** nach **§ 113 S. 3 InsO** sind nicht zu verwechseln mit den **Nachteilsausgleichsansprüchen** nach **§ 113 BetrVG** (→ Frage 51: Welche Folgen hat es, wenn der vorläufige Insolvenzverwalter im Insolvenzeröffnungsverfahren die Rechte des Betriebsrats nicht wahrt?).*

87. In welcher Höhe können außerhalb eines Sozialplans Abfindungen vereinbart werden?

Der Insolvenzverwalter ist außerhalb eines Sozialplans nicht an die Abfindungshöchstgrenzen von zweieinhalb Monatsverdiensten nach § 123 Abs. 1 InsO gebunden. Es ist zu beachten, dass § 1a KSchG in der Insolvenz kaum eine Rolle spielt. Der Insolvenzverwalter kann es sich in der Regel selten leisten, Abfindungen in Höhe eines **halben Monatsverdienstes pro Jahr** Betriebszugehörigkeit zu zahlen. Wenn die Kündigung erst durch § 113 InsO möglich wird, ist Folgendes zu beachten: Ist der Arbeitnehmer vertraglich oder tarifvertraglich unkündbar, ermöglicht § 113 InsO erst die Kündigung. Dem müsste nach Ansicht der Verfasser durch die Zuerkennung einer Abfindung entspr. §§ 9, 10 KSchG Rechnung getragen werden. Die Höhe der Abfindung hängt hier wie bei den §§ 9, 10 KSchG vom Einzelfall ab. Der Insolvenzverwalter wird aber sehr zurückhaltend mit hohen Abfindungen für einzelne Arbeitnehmer sein.

88. Ist die Änderungskündigung zur Entgeltabsenkung in der Insolvenz zulässig?

Beispiel

*Bei der Maier GmbH prüft der Insolvenzverwalter ein Sanierungskonzept zur Senkung der Lohnkosten. Dieses sieht vor, dass die einzelnen Gehälter verringert werden. Im Gegenzug soll der Insolvenzverwalter auf den Ausspruch von betriebsbedingten Beendigungskündigungen verzichten. Kann der Insolvenzverwalter eine Absenkung der Arbeitsentgelte **nicht einvernehmlich** durch Abschluss von **Änderungsverträgen** erreichen, kann er die Absenkungen der Entgelte **einseitig** nur durch **Ausspruch von Änderungskündigungen** erreichen.*

Eine **Änderungskündigung** ist eine **Kündigung** des Arbeitsverhältnisses, die **gleichzeitig das Angebot** an den Arbeitnehmer enthält, zu **veränderten Arbeitsbedingungen** (beispielsweise für ein geringeres Entgelt) weiterzuarbeiten. Nimmt der Arbeitnehmer das Angebot an, gelten nach Ablauf der Kündigungsfrist die neuen Arbeitsbedingungen. Lehnt er es ab, endet das Arbeitsverhältnis nach Ablauf der Kündigungsfrist.

Eine Änderungskündigung zur Entgeltabsenkung darf nach §§ 2, 1 KSchG **nicht sozial ungerechtfertigt** sein. Für diese Anforderung gelten **strenge Maßstäbe.** Die Änderungskündigung muss durch dringende betriebliche Erfordernisse veranlasst sein, die der Weiterbeschäftigung des Arbeitnehmers zu unveränderten Bedingungen entgegenstehen (BAG 26.6.2008 – 2 AZR 139/07). Grds. gilt, dass sich die angebotenen Änderungen nicht weiter vom Inhalt des bisherigen Arbeitsverhältnisses entfernen dürfen, als zur Erreichung des angestrebten Ziels **erforderlich** ist. Voraussetzung für eine Änderungskündigung zur Entgeltabsenkung ist konkret, dass der **Gesamtbetrieb unrentabel** arbeitet, die **bisherige Personalkostenstruktur zu Verlusten führt,** welche betrieblich nicht mehr aufgefangen werden können, und der Insolvenzverwalter einen **umfassenden Sanierungsplan** vorlegt. Dieser Plan muss die Ausschöpfung sämtlicher milderer Mittel sowie die Erfolgsaussichten des Vorhabens belegen. Die Senkung der Personalkosten muss darauf gerichtet sein, die Stilllegung des Betriebs oder die Reduzierung der Belegschaft zu verhindern (BAG 26.6.2008 – 2 AZR 139/07; BAG 30.8.2017 – 4 AZR 61/14).

89. Was ist bei Interessenausgleichsverhandlungen und dem Abschluss eines Sozialplans zu beachten?

Hinsichtlich der Anforderungen an die Interessenausgleichsverhandlungen und den Sozialplanabschluss wird auf die Ausführungen unter → *Frage 48: Muss der (vorläufige) Insolvenzverwalter mit dem Gesamtbetriebsrat einen Interessenausgleich verhandeln?* ff. verwiesen.

XII. Betriebsveräußerung und Betriebsübergang

Der Insolvenzverwalter hat einen Investor, die Schneider GmbH, gefunden, der die verbliebenen Betriebe kauft. Der Insolvenzausschuss bespricht die Folgen dieses Unternehmenskaufs und befragt seinen Rechtsanwalt hierzu.

90. Wer muss Unternehmensveräußerungen zustimmen?

Der Insolvenzverwalter darf das Unternehmen oder den Betrieb vor dem **Berichtstermin** (→ *Frage 73: Was ist der Berichtstermin?*) nur mit Zustimmung des **Gläubigerausschusses** (→ *Frage 33: Unter welchen Voraussetzungen wird ein (vorläufiger) Gläubigerausschuss bestellt?* ff.) bzw. nach dem Berichtstermin nur mit Zustimmung der **Gläubigerversammlung** verkaufen. Der Verkauf der Betriebe der Maier GmbH an die Schneider GmbH soll im Beispielsfall vor dem Berichtstermin stattfinden. Der Insolvenzverwalter wird also die Zustimmung des Gläubigerausschusses einholen.

Auch in der Insolvenz gilt, dass der Betriebsrat **nicht** zu beteiligen ist, wenn ein Betrieb vollständig und unverändert auf einen neuen Rechtsträger übertragen wird. Denn dies stellt **keine Betriebsänderung** (→ *Frage 48: Muss der (vorläufige) Insolvenzverwalter mit dem Gesamtbetriebsrat einen Interessenausgleich verhandeln?*) dar. Der Betriebsrat hat nur einen Informationsanspruch nach § 80 Abs. 2 S. 1 BetrVG. Daneben stehen dem **Wirtschaftsausschuss** (→ *Frage 19: Woher bekommt der Betriebsrat erste Informationen über den Stand des Insolvenzverfahrens?*) die Beteiligungsrechte nach § 106 Abs. 3 Nr. 10 BetrVG zu.

Bei einem **Betriebsteilübergang** ergeben sich die Beteiligungsrechte des Betriebsrats dagegen aus § 111 S. 3 Nr. 3 BetrVG, sofern eine Betriebsänderung in Form einer Zusammenlegung mit anderen Betrieben oder einer **Betriebsspaltung** vorliegt.

91. Unter welchen Voraussetzungen liegt ein Betriebs(-teil)übergang vor?

Es gibt grds. zwei Möglichkeiten, einen **Unternehmensverkauf** zu vollziehen. Die erste Möglichkeit besteht darin, alle Vermögenswerte (englisch: „assets") des Unternehmens zu kaufen. Man spricht dann von einem sog. **„asset deal".** Dies ist eine sehr aufwendige Form der Übertragung, weil nicht nur alle Vermögenswerte einzeln genau bestimmt und übertragen werden müssen, sondern auch die Zustimmungen von Vertragspartnern insbesondere von Dauerschuldverhältnissen, wie Mietverträgen aber auch Arbeitsverhältnissen, zum betreffenden Vertragsübergang an den Erwerber eingeholt werden müssen.

Insbesondere um diese Schwierigkeiten zu umgehen, werden Unternehmensverkäufe außerhalb der Insolvenz oft im Wege des sog. **„share deals"** durchgeführt. Dabei werden alle Anteile (englisch: „shares") an der das Unternehmen tragenden Gesellschaft veräußert. Ist der Erwerber Inhaber sämtlicher Anteile an dieser Gesellschaft, kann er mittelbar auch über das gesamte Unternehmensvermögen verfügen.

In der Insolvenz über das Vermögen einer Gesellschaft ist es regelmäßig ausgeschlossen, einen Investor zu finden, der bereit ist, den Weg des „share deals" zu gehen. Denn dann würde er auch alle Schulden dieser Gesellschaft übernehmen. Daher wird in der Insolvenz meist nur der „asset deal" in Betracht kommen. Hierbei kann sich der Erwerber die Unternehmensteile aussuchen, die er übernehmen möchte. Man spricht dann von einer **übertragenden Sanierung.**

Von der Frage, wie ein Unternehmenskauf durchgeführt wird, ist die Frage zu unterscheiden, ob ein **Betriebs(teil)übergang** nach **§ 613a BGB** vorliegt mit der grds. Folge, dass der neue Inhaber in die Rechte und Pflichten aus den im Zeitpunkt des Übergangs bestehenden Arbeitsverhältnissen eintritt.

Ein Betriebs(teil)übergang in diesem Sinne setzt den rechtsgeschäftlichen Übergang eines Betriebs (-teils) auf einen anderen Inhaber unter Wahrung der Identität dessen **wirtschaftlicher Einheit** voraus. Um zu entscheiden, ob eine solche wirtschaftliche Einheit übertragen wird, müssen – in einer umfassenden Gesamtbetrachtung des Einzelfalles – sämtliche den betreffenden Vorgang kennzeichnenden Tatsachen berücksichtigt werden, beispielsweise (1) die Art des betreffenden Unternehmens oder Betriebes, (2) der etwaige Übergang der materiellen Betriebsmittel wie Gebäude und bewegliche Güter, (3) der Wert der immateriellen Aktiva im Zeitpunkt des Übergangs, (4) die etwaige Übernahme der Hauptbelegschaft durch den neuen Inhaber, (5) der etwaige Übergang der Kundschaft sowie (6) der Grad der Ähnlichkeit zwischen den vor und nach dem Übergang verrichteten Tätigkeiten und (7) die Dauer einer eventuellen Unterbrechung dieser Tätigkeiten (BAG 30.10.2008 – 8 AZR 855/07; EuGH 24.1.2002 – C-51/00 – Temco; EuGH 15.12.2005 – C 232, 233/04 – Güney Görres; EuGH 19.10.2017 – C-200/16 – Securitas; EuGH 11.7.2018 – C-60/17 – Somoza).

Praxistipp

§ 613a BGB basiert auf der „Richtlinie 77/187/EWG des Rates vom 14. Februar 1977 zur Angleichung der Rechtsvorschriften der Mitgliedstaaten über die Wahrung von Ansprüchen der Arbeitnehmer beim Übergang von Unternehmen, Betrieben oder Betriebsteilen". Für die Auslegung insbesondere des Begriffs des Betriebsübergangs liegt daher diverse Rechtsprechung des Europäischen Gerichtshofes (EuGH) vor, die auch für die deutschen Gerichte bindend ist. Aufgrund dieser – zu einem großen Teil arbeitnehmerfreundlichen – Rechtsprechung kommen Betriebsübergänge auch in Konstellationen in Betracht, in denen der juristische Laie ggf. noch nicht einmal an sie denkt. Die Hinzuziehung eines spezialisierten Rechtsberaters kann für den Betriebsrat daher insbesondere bei unübersichtlichen Transaktionen angezeigt sein und/oder wenn es auf die Frage des Vorliegens eines Betriebsübergangs ankommt.

92. Bestehen die Arbeitsverhältnisse nach einem Betriebsübergang fort? Unter welchen Voraussetzungen kann der Bewerber diese kündigen?

Beispiel

Im Fall der Maier GmbH liegen die Voraussetzungen für einen Betriebsübergang nach § 613a BGB vor. Es stellt sich nun die Frage, was dies für die Arbeitnehmer bedeutet.

Die Bestimmungen des § 613a BGB zum Betriebsübergang gelten grds. auch in der Insolvenz. Die **Arbeitsverhältnisse** gehen im Fall des Betriebs(-teil)übergangs – sofern der jeweilige Arbeitnehmer dem Übergang des Arbeitsverhältnisses nicht innerhalb eines Monats nach Zugang der betreffenden Unterrichtung schriftlich widerspricht (§ 613a Abs. 6 BGB) – auf den Erwerber über und **werden** mit diesem **grds. zu unveränderten Bedingungen fortgeführt.** Bereits gekündigte, aber noch nicht beendete Arbeitsverhältnisse gehen im gekündigten Zustand auf den Erwerber über.

Nach § 613a Abs. 4 BGB sind betriebsbedingte Kündigungen der übergehenden Arbeitsverhältnisse unwirksam, sofern sie **wegen des Betriebsübergangs** erfolgen. Dies ist der Fall, wenn der Betriebsübergang **der tragende Grund, nicht nur der äußere Anlass** für die Kündigung ist (BAG 20.9.2006 – 6 AZR 249/05). Kündigungen aus anderen Gründen sind grds. nach wie vor zulässig und wirksam. Entscheidend für eine wirksame Kündigung im zeitlichen Zusammenhang mit einem Betriebsübergang ist, dass die Kündigung auf einem sachlichen Grund basiert, der eine Kündigung aus sich heraus rechtfertigt (BAG 20.9.2006 – 6 AZR 249/05).

Eine unwirksame Kündigung durch den bisherigen Arbeitgeber wegen des Betriebsübergangs liegt beispielsweise vor, wenn sie damit begründet wird, dem Erwerber sei ein bestimmter Arbeitnehmer zu teuer, um ihn zu übernehmen, der Arbeitsplatz aber erhalten bleibt (BAG 20.9.2006 – 6 AZR 249/05).

Ein **eigenes Sanierungskonzept** des Veräußerers zur Verbesserung des Betriebs kann dagegen einen sachlichen Grund darstellen, der aus sich heraus die Kündigung zu rechtfertigen vermag. Gleiches gilt, wenn das Sanierungskonzept vom Erwerber aufgestellt wurde, aber noch vom Insolvenzverwalter umgesetzt werden soll (sog. Kündigung aufgrund Erwerberkonzept). Voraussetzung hierfür ist, dass die Durchführung des Sanierungskonzepts bei Zugang der Kündigung bereits greifbare Formen angenommen hat (BAG 20.3.2003 – 8 AZR 97/02; BAG 21.4.2016 – 8 AZR 771/14). Dann ist nicht davon auszugehen, dass die Kündigung wegen des Betriebsübergangs erfolgt. Die bloße Forderung des Erwerbers, die Belegschaft vor dem Betriebsübergang zu verkleinern, stellt allerdings keinen sachlichen Grund in diesem Sinn dar (BAG 20.3.2003 – 8 AZR 97/02; BAG 20.9.2006 – 6 AZR 249/05). Es fehlt an einem nachvollziehbaren Personalkonzept.

93. Was bedeuten Ansprüche auf Wiedereinstellung im Zusammenhang mit einem Betriebsübergang?

Hat der Insolvenzverwalter wegen geplanter Betriebsstilllegungen den Arbeitnehmern gekündigt und kommt es danach doch zu einem Betriebs(-teil)übergang, gilt das Folgende: Zunächst ist zu beachten, dass sich **Betriebs(-teil)übergang** (→ *Frage 92: Bestehen die Arbeitsverhältnisse nach einem Betriebsübergang fort? Unter welchen Voraussetzungen kann der Bewerber diese kündigen?*) und **Betriebsstilllegung** gegenseitig ausschließen (BAG 16.2.2012 – 8 AZR 693/10; BAG 21.5.2015 – 8 AZR 618/13). Denn ein Betriebs(-teil)übergang setzt den rechtsgeschäftlichen Übergang eines Betriebs(-teils) auf einen anderen Inhaber **unter Wahrung der Identität der betreffenden wirtschaftlichen Einheit** voraus. Unter **Betriebsstilllegung** ist dagegen die **Auflösung** der zwischen Arbeitgeber und Arbeitnehmer bestehenden Betriebs- und Produktionsgemeinschaft zu verstehen. Der Arbeitgeber stellt hierbei die bisherige wirtschaftliche Betätigung ein und verfolgt den bisherigen Betriebszweck dauernd oder für eine ihrer Dauer nach unbestimmte, nicht unerhebliche Zeitspanne nicht weiter; mit der Stilllegung des gesamten Betriebs entfallen alle Beschäftigungsmöglichkeiten (BAG 16.2.2012 – 8 AZR 693/10; BAG 21.5.2015 – 8 AZR 618/13).

Kündigungen wegen einer beabsichtigten Betriebsstilllegung basieren auf der zum Zeitpunkt des Ausspruchs der Kündigung getroffenen Prognose, dass nach Ablauf der Kündigungsfristen keine Beschäftigungsmöglichkeiten mehr bestehen. Der Arbeitgeber muss seinen Stilllegungsentschluss im Rahmen eines möglichen Kündigungsschutzprozesses darlegen und beweisen (BAG 16.2.2012 – 8 AZR 693/10). Stellt sich die Prognose des Arbeitgebers bzgl. der Betriebsstilllegung als **von vornherein** fehlerhaft heraus, obsiegt der Arbeitnehmer mit seiner Kündigungsschutzklage. Das ist beispielsweise der Fall, wenn der Arbeitgeber den Betrieb nicht ernsthaft stilllegen will, sondern eigentlich eine Veräußerung plant. In diesem Fall kommt es gar nicht mehr auf den Wiedereinstellungsanspruch an. Stellt sich die Prognose dagegen **nachträglich** als falsch heraus, wird die Kündigung dadurch nicht unwirksam. Der von der Kündigung betroffene Arbeitnehmer kann aber einen **Wiedereinstellungsanspruch** haben.

Hinsichtlich dieses **Wiedereinstellungsanspruchs** sind verschiedene Konstellationen zu unterscheiden:

Hat sich nach dem Ausspruch einer betriebsbedingten Kündigung noch **während der Kündigungsfrist** eine bisher unvorhergesehene Weiterbeschäftigungsmöglichkeit für den gekündigten Arbeitnehmer ergeben, bleibt die Kündigung zwar wirksam, der Arbeitnehmer hat aber einen Anspruch auf Wiedereinstellung zu unveränderten Arbeitsbedingungen. Entsteht dagegen die **Weiterbeschäftigungsmöglichkeit erst nach Ablauf der Kündigungsfrist,** steht dem betroffenen Arbeitnehmer grds. kein Wiedereinstellungsanspruch zu (BAG 13.5.2004 – 8 AZR 198/03; BAG 15.12.2011 – 8 AZR 197/11; BAG 20.10.2015 – 9 AZR 743/14).

Eine Ausnahme kann geboten sein, wenn der Arbeitgeber den **Betriebs(teil)übergang während des Laufs der Kündigungsfrist zwar beschlossen, aber noch nicht vollzogen hat** (BAG 13.5.2004 – 8 AZR 198/03; BAG 25.9.2008 – 8 AZR 607/07; BAG 15.12.2011 – 8 AZR 197/11; BAG 19.10.2017 – 8 AZR 845/15). So kann, wenn der Zeitpunkt des Betriebsübergangs absichtlich auf die Zeit nach Beendigung der Kündigungsfristen verschoben wurde, ein rechtsmissbräuchliches Handeln des Arbeitgebers vorliegen, das einen Wiedereinstellungsanspruch rechtfertigt. Einen solchen

Wiedereinstellungsanspruch trotz Ablauf der Kündigung vor Betriebsübergang hat die Rechtsprechung bislang allerdings lediglich für den Fall des **Betriebsübergangs infolge der willentlichen Übernahme der Hauptbelegschaft** bejaht. Den Fall eines Betriebsübergangs infolge lediglich der Übernahme von materiellen und immateriellen Betriebsmitteln konnte die Rechtsprechung demgegenüber noch offengelassen (BAG 13.5.2004 – 8 AZR 198/03).

Vor dem Betriebsübergang besteht der Wiedereinstellungsanspruch gegenüber dem Veräußerer, danach gegenüber dem Erwerber (BAG 25.9.2008 – 8 AZR 607/07).

Grds. kein Wiedereinstellungsanspruch nach den o. g. Maßstäben steht Arbeitnehmern von **Kleinbetrieben** iSv § 23 Abs. 1 S. 2–4 KSchG zu (**BAG 19.10.2017 – 8 AZR 845/15**).

Praxistipp

*Wenn Arbeitnehmer einen Wiedereinstellungsanspruch geltend machen möchten, müssen sie dies in jedem Fall **sehr schnell** nach der Kenntniserlangung vom Betriebsübergang tun.*

94. Gelten tarifvertragliche Bestimmungen und Betriebsvereinbarungen beim Betriebsübergang weiter?

Ja. Allerdings sind hier verschiedene Konstellationen zu unterscheiden:

Tarifvertragliche Rechtsnormen und Betriebsvereinbarungen, die Rechte und Pflichten der übergehenden Arbeitsverhältnisse regeln, werden **Inhalt des Arbeitsverhältnisses** zwischen dem Arbeitnehmer und dem Erwerber (sog. **Transformation**) und dürfen ein Jahr lang ab dem Übergang nicht zum Nachteil des Arbeitnehmers geändert werden (§ 613a Abs. 1 S. 2 BGB). Ihre Fortgeltung ist allerdings statisch und bezieht grds. nach dem Betriebsübergang erfolgte Änderungen der Kollektivvereinbarungen nicht ein.

Zu einer Transformation kommt es allerdings nur, wenn die kollektivrechtlichen Bestimmungen nicht ohnehin fortgelten. Das ist zB bei Tarifverträgen der Fall, wenn beim Erwerber der gleiche Tarifvertrag wie beim Veräußerer gilt (§ 613a Abs. 1 S. 2 BGB). Betriebsvereinbarungen gelten weiter, wenn die Identität des Betriebs beim Erwerber erhalten bleibt und der Erwerber dem BetrVG unterliegt.

Ausgeschlossen ist die Transformation auch, wenn es beim Betriebserwerber bereits eine einschlägige anderslautende kollektivrechtliche Regelung gibt. Dazu muss die tarifliche Regelung beim Erwerber bereits vor dem Betriebsübergang normativ gegolten haben und inhaltlich dieselbe Materie wie der Tarifvertrag des Veräußerers regeln. Es gilt dann die tarifliche Regelung des Erwerbers.

Praxistipp

Vor einem Betriebsübergang muss der Arbeitnehmer nach § 613a Abs. 5 BGB ausführlich über den Einfluss des Betriebsübergangs auf die geltenden tariflichen Bestimmungen und Betriebsvereinbarungen informiert werden.

95. Welche Ansprüche sind gegen den Erwerber zu richten?

Für die Frage, ob und inwieweit der Erwerber nach einem Betriebs(-teil)übergang für Ansprüche der Arbeitnehmer haftet, ist wie folgt zu unterscheiden:

Der Erwerber haftet **nicht** nach § 613a BGB für Ansprüche, die **vor** Eröffnung des Insolvenzverfahrens entstanden sind, wenn der Betriebsübergang **nach** der Eröffnung des Insolvenzverfahrens erfolgt ist (BAG 18.11.2003 – 9 AZR 347/03; BAG 19.10.2004 – 9 AZR 645/03).

Der Erwerber haftet dann uneingeschränkt nach § 613a BGB, wenn er den Betrieb **vor** Insolvenzeröffnung übernommen hat (BAG 20.6.2002 – 8 AZR 459/01).

Entscheidend für die Frage, wann ein Betriebs(-teil)übergang stattgefunden hat, ist der Zeitpunkt, in dem der Erwerber aufgrund der rechtsgeschäftlichen Verfügungen in der Lage ist, die **Leitungsmacht** mit dem Ziel der Betriebsfortführung über den betroffenen Betrieb bzw. Betriebsteil auszuüben, wobei der Arbeitnehmer für den Zeitpunkt der Erlangung der Leitungsmacht durch den Erwerber beweispflichtig ist (BAG 26.3.1996 – 3 AZR 965/94; BAG 14.8.2007 – 8 AZR 806/06). Werden alle für den Betriebsübergang wesentlichen Rechtsgeschäfte bereits vor der Insolvenzeröffnung abgeschlossen, spricht dies für einen Betriebsübergang vor der Insolvenzeröffnung (BAG 26.3.1996 – 3 AZR 965/94).

Der Erwerber haftet nach § 613a Abs. 2 BGB neben dem Insolvenzverwalter als **Gesamtschuldner** auch für die Ansprüche und Anwartschaften der übergehenden Arbeitnehmer, die **zwischen Insolvenzeröffnung und Betriebsübergang** entstanden sind, vor Ablauf von einem Jahr nach dem Betriebsübergang fällig werden und die keine Insolvenzforderungen sind (BAG 15.1.2002 – 1 AZR 58/01). **Gesamtschuldnerische Haftung** bedeutet, dass der Anspruchsinhaber den vollen Anspruch gegen den Insolvenzverwalter oder gegen den Betriebserwerber geltend machen kann. Sofern der Insolvenzverwalter oder der Betriebserwerber den vollen Anspruch an den Arbeitnehmer gezahlt hat, kann es im Verhältnis zwischen Insolvenzverwalter und Betriebserwerber zu einem Ausgleich kommen.

Da das Arbeitsverhältnis nach dem Betriebsübergang fortbesteht, haben Arbeitnehmer keinen Anspruch auf Urlaubsabgeltung. Allerdings muss der Erwerber einen im Zeitpunkt des Betriebsübergangs offenen **Urlaubsanspruch** später voll erfüllen. Er kann sich **nicht** darauf berufen, dass er nur den anteiligen, nach Betriebsübergang erarbeiteten Urlaubsanspruch erfüllen muss (BAG 18.11.2003 – 9 AZR 347/03).

Wird ein Anspruch, der im Zeitverlauf kontinuierlich einheitlich entsteht, erst nach Eröffnung des Insolvenzverfahrens fällig, so haftet der Erwerber nur anteilig für den nach Eröffnung entstehenden Teil davon. Dies gilt insbesondere für **Sonderzahlungen** und andere Ansprüche mit echtem Entgeltcharakter.

Sonderzahlungen, die die **künftige Betriebstreue** fördern sollen, entstehen meist zu einem Stichtag, der in tariflichen oder arbeitsvertraglichen Regelungen bestimmt ist. Dann gilt das „Alles-oder-Nichts-Prinzip“. Liegt der **Stichtag vor der Insolvenzeröffnung,** haftet der Erwerber nicht für diese Ansprüche. Liegt der Stichtag **nach der Insolvenzeröffnung** und **nach dem Betriebsübergang,** haftet der Erwerber für diese Ansprüche voll. Liegt der Stichtag zwischen Insolvenzeröffnung und Betriebsübergang, haften Insolvenzverwalter und Erwerber als Gesamtschuldner.

Im Fall der **betrieblichen Altersversorgung** ist Folgendes zu beachten:

Zwar übernimmt der Betriebserwerber die Verpflichtungen aus den Vereinbarungen zur betrieblichen Altersversorgung. Im Versorgungsfall schuldet er aber nur die Leistungen, die seit Insolvenzeröffnung erdient wurden. Hierfür spielt es keine Rolle, ob die Anwartschaften im Zeitpunkt der Insolvenzeröffnung verfallbar waren oder nicht.

Für Anwartschaften, die bereits im Zeitpunkt der Insolvenzeröffnung gesetzlich unverfallbar sind (§ 1b Abs. 1 Betriebsrentengesetz (BetrAVG)), haftet für den Teil, der auf die Zeit vor der Insolvenzeröffnung entfällt, nach § 7 Abs. 2 BetrAVG der **Pensions-Sicherungs-Verein.** Anwartschaften, die im Zeitpunkt der Insolvenzeröffnung noch nicht unverfallbar waren, können nur im Insolvenzverfahren geltend gemacht werden. Für sie haftet weder der Erwerber noch der Pensionssicherungsverein.

Kommt es während des Insolvenzverfahrens zu einem Betriebsübergang, haftet der Insolvenzverwalter nur für die erworbenen Anwartschaften, die während des Insolvenzverfahrens von Arbeitnehmern erdient wurden, deren Arbeitsverhältnis zwischen Insolvenzeröffnung und Betriebsübergang beendet wurden, und derjenigen Arbeitnehmer, die dem Betriebsübergang widersprochen haben oder von ihm nicht erfasst waren. Unter den Voraussetzungen des § 3 Abs. 4 BetrVG kann der Insolvenzverwalter diese Arbeitnehmer abfinden (BAG 22.12.2009 – 3 AZR 814/07).

→ *Muster 9: Unterscheidung von Jahresleistungen und Gratifikationen in Masseansprüche und Insolvenzforderungen*

96. Welche Besonderheiten gelten für Arbeitnehmer in Altersteilzeit?

Wird Altersteilzeit nach dem **Blockmodell** durchgeführt, ist maßgeblich, dass alle Forderungen, die vor Eröffnung des Insolvenzverfahrens erdient wurden, nur Insolvenzforderungen sind (BAG 19.10.2004 – 9 AZR 645/03; BAG 23.2.2005 – 10 AZR 600/03). Demzufolge muss nach gegenwärtiger Rechtslage der Betriebserwerber nur für die nach Eröffnung des Insolvenzverfahrens erdienten Ansprüche einstehen.

Bei Eröffnung des Insolvenzverfahrens **während der Freistellungsphase** sind sämtliche nach Insolvenzeröffnung zu leistenden Zahlungen Insolvenzforderungen, die nicht dem Erwerber entgegengehalten werden können. Wird das Insolvenzverfahren dagegen noch **während der Arbeitsphase** eröffnet, stellt die nach der Insolvenzeröffnung verdiente Vergütung eine Masseforderung dar. Die Ansprüche, die später in der Freistellungsphase entstehen und den Vergütungsansprüchen nach Eröffnung des Insolvenzverfahrens entsprechen, sind in diesem Fall ebenfalls vom Erwerber zu zahlen (BAG 19.12.2006 – 9 AZR 230/06; BAG 30.10.2008 – AZR 54/07).

Dementsprechend haftet der Erwerber eines Betriebs aus der Insolvenz nach § 613a BGB im Falle eines bestehenden Altersteilzeitverhältnisses nur für das Entgelt, das „spiegelbildlich" für die Vorleistung geschuldet wird, die der Arbeitnehmer während der nach Insolvenzeröffnung noch andauernden Arbeitsphase erbringt. Das ist neben Vergütungsansprüchen für die Arbeitsleistung nach Insolvenzeröffnung bis zum Ende der Arbeitsphase auch die Vergütung für den entsprechenden Zeitraum bis zum Ende der Freistellungsphase (LAG Hessen 29.4.2015 – 12 Sa 973/13).

→ *Muster 3: Info-Schreiben: „Folgen der Insolvenz des Arbeitgebers für Altersteilzeitbeschäftigte"*

Muster

Muster 1: Info-Schreiben zum Thema „Insolvenzgeld"

Liebe Kolleginnen, liebe Kollegen,

um euch die Beantwortung der wichtigsten Fragen zum Insolvenzgeld zu erleichtern, senden wir euch dieses Schreiben.

Ein Anspruch auf Insolvenzgeld steht nur Arbeitnehmern zu, die in der Insolvenz ihres Arbeitgebers ihren Lohn oder ihr Gehalt nicht mehr vollständig erhalten haben. Das Insolvenzgeld zahlt die Agentur für Arbeit, sofern die folgenden Voraussetzungen erfüllt sind:

1. Wer ist Anspruchsberechtigter?

Nur im Inland beschäftigte Arbeitnehmer können nach § 165 Abs. 1 S. 1 SGB III Insolvenzgeld beanspruchen. Hierunter fallen auch

- Heimarbeiter,
- beschäftigte Schüler und Studenten,
- Auszubildende,
- geringfügig Beschäftigte,
- alle im Inland beschäftigten Arbeitnehmer, auch wenn das Insolvenzverfahren über das Vermögen des Arbeitgebers im Ausland eröffnet worden ist,
- Arbeitnehmer, die unter Weitergeltung des deutschen Sozialversicherungsrechts vorübergehend ins Ausland entsandt waren.

Der Anspruch auf Insolvenzgeld ist vererblich nach § 165 Abs. 4 SGB III.

2. Für welchen Zeitraum wird Insolvenzgeld gezahlt?

Das Insolvenzgeld wird für einen Zeitraum **von maximal drei Monaten** vor dem sog. Insolvenzereignis nach § 165 Abs. 1 S. 1 SGB III an gezahlt. Das Insolvenzereignis kann im vorliegenden Fall, da bereits ein Insolvenzantrag gestellt ist, in den folgenden Geschehnissen liegen:

- in der Eröffnung des Insolvenzverfahrens über das Vermögen des Arbeitgebers oder
- in der Abweisung des Insolvenzantrags mangels Masse.

In beiden Fällen entscheidet das Insolvenzgericht durch Beschluss.

War das Arbeitsverhältnis allerdings bereits vor dem Insolvenzereignis beendet (zB durch Kündigung), besteht der Insolvenzgeldanspruch für offene Gehälter grds. für die letzten drei Monate des Arbeitsverhältnisses.

Sind Arbeitnehmer **freigestellt** worden, ist für die Bestimmung des Insolvenzgeldzeitraums nicht der letzte tatsächliche Arbeitstag entscheidend, sondern das Ende des Arbeitsverhältnisses.

Eine Ausnahme besteht allerdings, wenn Arbeitnehmer **in Unkenntnis** des Insolvenzereignisses weitergearbeitet oder die Arbeit aufgenommen haben. Dann sind die letzten drei Monate des Arbeitsverhältnisses entscheidend, die mit dem letzten Arbeits-, Urlaubs- oder Krankheitstag vor dem Tag der Kenntnisnahme enden (§ 165 Abs. 3 SGB III).

3. Welche Frist muss bei der Antragstellung eingehalten werden?

Arbeitnehmer müssen den Antrag auf Insolvenzgeld **innerhalb von zwei Monaten** nach dem Insolvenzereignis (vgl. Ziff. 2 dieses Schreibens) bei der zuständigen Agentur für Arbeit stellen. Nach Ablauf dieser Frist ist ein Anspruch auf Insolvenzgeld ausgeschlossen.

Um einen Ablauf der Ausschlussfrist von zwei Monaten zu vermeiden, kann man den Arbeitnehmern nur raten, so früh wie möglich Insolvenzgeld zu beantragen. Dies gilt allerdings nur, wenn vorher geklärt ist, ob der vorläufige Insolvenzverwalter die Vorfinanzierung des Insolvenzgeldes beabsichtigt. Denn im Fall der Vorfinanzierung des Insolvenzgeldes brauchen und sollen die Arbeitnehmer keinen eigenen Insolvenzgeldantrag stellen. Der vorläufige Insolvenzverwalter bereitet dazu regelmäßig einen Sammelantrag vor.

4. Was ist bei der Antragstellung zu beachten?

Einen Muster-Antrag für Insolvenzgeld erhält man von der Agentur für Arbeit.

Um das Verfahren zu beschleunigen, sollten die Arbeitnehmer dem Antrag auf Insolvenzgeld gleich eine **Insolvenzgeldbescheinigung** beifügen. Deren Vorliegen ist Voraussetzung dafür, dass der Antrag auf Insolvenzgeld bearbeitet wird. Die Insolvenzgeldbescheinigung wird nach Insolvenzeröffnung vom späteren Insolvenzverwalter bzw. vom Arbeitgeber ausgestellt. Entsprechende Vordrucke sind bei jeder Agentur für Arbeit oder über das Internet erhältlich.

Beantragen Arbeitnehmer Insolvenzgeld, so gehen ihre Ansprüche auf Arbeitsentgelt während des Insolvenzgeldzeitraums, die ihnen gegenüber ihrem Arbeitgeber zustehen, auf die Bundesagentur für Arbeit über.

5. In welcher Höhe wird Insolvenzgeld gezahlt?

Insolvenzgeld wird in Höhe des Nettoarbeitsentgelts gezahlt, das sich ergibt, wenn das auf die monatliche Beitragsbemessungsgrenze begrenzte Bruttoarbeitsentgelt um die gesetzlichen Abzüge vermindert wird (§ 167 Abs. 1 SGB III).

Zum Arbeitsentgelt können unter bestimmten Voraussetzungen auch Sonderzahlungen, wie Weihnachtsgeld, zusätzliche Urlaubsgelder, Jubiläumszuwendungen und Provisionen gehören. Da das Insolvenzgeld jedoch nur für einen Zeitraum von drei Monaten gezahlt wird, können diese Sonderzahlungen grds. auch nur anteilmäßig mit maximal $^3/_{12}$ der Gesamtleistung berücksichtigt werden.

6. Kann man einen Vorschuss auf das Insolvenzgeld beantragen?

Ja. Die Agentur für Arbeit kann das Insolvenzgeld grds. erst bewilligen, wenn das Insolvenzverfahren eröffnet oder der Antrag auf dessen Eröffnung abgelehnt worden ist. Allerdings kann sie unter den folgenden Voraussetzungen einen Vorschuss auf das Insolvenzgeld leisten:

- Es liegt ein Antrag auf Eröffnung des Insolvenzverfahrens über das Vermögen des Arbeitgebers vor.
- Das Arbeitsverhältnis ist beendet. (Der Ausspruch der Kündigung reicht nicht aus.) und
- Die Voraussetzungen für den Anspruch auf Insolvenzgeld liegen mit hinreichender Wahrscheinlichkeit vor.

7. Was bedeutet die Vorfinanzierung des Insolvenzgeldes?

Der vorläufige Insolvenzverwalter geht derzeit von einer Unternehmensfortführung aus und bemüht sich noch um die Vorfinanzierung des Insolvenzgeldes. Er sieht gute Chancen, dass die X-Bank das Insolvenzgeld vorfinanziert. Die Arbeitsagentur muss der Insolvenzgeldfinanzierung zustimmen. Um Rechtsnachteile zu vermeiden, hat sich der Gesamtbetriebsrat bereits an die zuständige Agentur für Arbeit gewandt. Sie ist über die Verhandlungen des vorläufigen Insolvenzverwalters mit der X-Bank informiert und unterstützt die Vorfinanzierung des Insolvenzgeldes.

Die Vorfinanzierung des Insolvenzgeldes erfolgt, bevor die Ansprüche auf Insolvenzgeld festgestellt worden sind. Sie soll vermeiden, dass die Arbeitnehmer unter Zahlungsausfällen leiden.

Die Vorfinanzierung des Insolvenzgeldes funktioniert wie folgt:

Den Arbeitnehmern steht grds. ein Anspruch auf Insolvenzgeld gegenüber der Agentur für Arbeit zu. Bei der Vorfinanzierung des Insolvenzgeldes kauft ein Dritter, hier die X-Bank, diese Forderungen der Arbeitnehmer gegenüber der Agentur für Arbeit. Die Arbeitnehmer erhalten diesbezügliche Schreiben vom vorläufigen Insolvenzverwalter. Durch Unterzeichnung und Zurücksendung dieser Schreiben kommt es zum Abschluss eines Kauf- und Abtretungsvertrags. Die Arbeitnehmer erhalten im Gegenzug von der X-Bank den Kaufpreis anstelle des Insolvenzgeldes. Der Kaufpreis entspricht der Höhe des Insolvenzgeldes.

Der Bezug von Arbeitslosengeld während des Insolvenzgeldzeitraums vermindert nicht die Anspruchsdauer bzgl. des Arbeitslosengeldes.

Wir hoffen, dass euch dieses Schreiben weitergeholfen hat. Für weitere Fragen stehen wir euch gerne zur Verfügung.

Euer Gesamtbetriebsrat und Insolvenzausschuss

Muster 2: Info-Schreiben zum Thema „Welche Ansprüche werden in der Insolvenz noch erfüllt?"

Liebe Kolleginnen, liebe Kollegen,

dieses Schreiben soll euch dabei helfen, herauszufinden, welche eurer Ansprüche noch voll und welche nur noch anteilig erfüllt werden.

1. Wonach entscheidet es sich, ob ein Anspruch noch voll erfüllt wird?

In der Insolvenz nennt man Ansprüche, die vollständig erfüllt werden **Masseansprüche** (§ 55 InsO). Eine Ausnahme von der vollständigen Erfüllung der Masseansprüche besteht, wenn der Insolvenzverwalter (drohende) Masseunzulänglichkeit nach § 208 InsO anzeigt. Wenn nicht ausreichend Vermögen vorhanden ist, können also auch die Inhaber von Masseforderungen ganz oder teilweise leerausgehen.

Erst nachdem die Masseansprüche vollständig erfüllt worden sind, werden die sog. **Insolvenzforderungen** (§ 38 InsO) quotal aus dem verbleibenden Vermögen des insolventen Unternehmens befriedigt. Durchschnittlich liegt diese Quote bei etwa 5%. Dh, dass die Inhaber von Insolvenzforderungen regelmäßig zu etwa 95% mit diesen Forderungen leer ausgehen und nur etwa 5% des Werts ihrer Forderung erhalten.

Insolvenzforderungen müssen **nach Eröffnung des Insolvenzverfahrens** beim Insolvenzverwalter nach § 174 InsO angemeldet werden. Anmeldungen, die zuvor erfolgen, müssen nach Eröffnung des Insolvenzverfahrens wiederholt werden.

2. Wie unterscheidet man Masseansprüche von Insolvenzforderungen?

Zur Unterscheidung: Ansprüche, die **nach Eröffnung des Insolvenzverfahrens** entstehen, sind **Masseforderungen.** Sind die Forderungen dagegen bereits **vor der Insolvenzeröffnung** entstanden, handelt es sich nur um **Insolvenzforderungen.**

Allerdings gibt es von dieser Einordnung in Insolvenz- und Masseforderungen Ausnahmen. Beispielsweise bei **Gratifikationen** kommt es für die Einordnung, ob eine Forderung Masseanspruch oder Insolvenzforderung ist, zunächst darauf an, ob die Gratifikation ein zusätzliches Entgelt sein soll oder nur die zukünftige Bindung an das Unternehmen bezweckt. Jahresleistungen, die als **zusätzliche Vergütung für Arbeitsleistungen eines bestimmten Bezugszeitraums** erfolgen, werden dann (anteilig) als Masseansprüche bezahlt, wenn sie Zeiträumen bzw. Monaten nach Insolvenzeröffnung zugeordnet werden können („Zwölftelung"). Der Anspruch auf die Jahresvergütung ist (anteilig) Insolvenzforderung, soweit er sich auf Arbeitsleistungen bezieht, die vor Insolvenzeröffnung erbracht wurden.

Ist eine Gratifikation oder Sonderzahlung allerdings so ausgestaltet, dass sie **nicht** einzelnen Leistungszeiträumen zugeordnet werden kann, kommt es für die Einordnung als Masseanspruch oder Insolvenzforderung auf den Zeitpunkt an, in dem die Leistung entsteht. Dies gilt beispielsweise für Weihnachtsgeld, das die **zukünftige Betriebstreue belohnen** soll. Liegt dieser Zeitpunkt vor Eröffnung des Insolvenzverfahrens, handelt es sich bei dem gesamten Anspruch nur um eine Insolvenzforderung. Liegt dieser Zeitpunkt dagegen nach Insolvenzeröffnung, handelt es sich bei dem gesamten Anspruch um einen Masseanspruch.

Gratifikationen oder Sonderzahlungen, die Insolvenzforderungen sind, können beim Insolvenzgeld berücksichtigt werden. Dazu müssen diese Ansprüche bei der Beantragung des Insolvenzgeldes korrekt angegeben werden. Denn diese erhöhen grds. das Insolvenzgeld. Insoweit verweisen wir auf unser vorangegangenes Info-Schreiben zu diesem Thema.

Eine weitere Ausnahme greift im vorliegenden Fall aufgrund der Tatsache ein, dass inzwischen ein **starker vorläufiger Insolvenzverwalter** bestellt worden ist. Denn der starke vorläufige Insolvenzverwalter begründet Masseansprüche, wenn er Leistungen entgegennimmt.

3. Werden Lohn- und Gehaltsforderungen noch gezahlt?

Während des **Insolvenzeröffnungsverfahrens,** also zwischen Insolvenzantragstellung und Insolvenzeröffnung, gilt das Folgende:

Wenn ein **starker vorläufiger Insolvenzverwalter** die Arbeitsleistung der Arbeitnehmer entgegengenommen hat, muss er diese auch in voller Höhe vergüten. Die Lohn- und Gehaltsansprüche der Arbeitnehmer sind dann Masseansprüche nach § 55 Abs. 2 S. 2 InsO. Voraussetzung dafür, dass der vorläufige Insolvenzverwalter die Arbeitsleistung entgegengenommen hat, ist, dass er den jeweiligen Arbeitnehmer **nicht freigestellt** hat. Hat der starke vorläufige Insolvenzverwalter die Leistung der Arbeitnehmer nicht in Anspruch genommen, insbesondere durch Freistellung des Arbeitnehmers während des Laufs einer Kündigungsfrist, bleiben die Ansprüche des Arbeitnehmers einfache Insolvenzforderungen, werden also nur mit der Insolvenzquote befriedigt. Freigestellte Mitarbeiter müssen sich daher sofort an ihre Agentur für Arbeit wenden und beraten lassen. Ihnen steht grds. ein Anspruch auf Arbeitslosengeld zu. Allerdings wird in der Zeit vor Eröffnung des Insolvenzverfahrens Insolvenzgeld gezahlt.

Die Lohn- und Gehaltsansprüche für die Arbeitsleistungen, die Arbeitnehmer **nach der Eröffnung des Insolvenzverfahrens** erbringen, müssen vom Insolvenzverwalter in voller Höhe erfüllt werden.

4. Was gilt für Urlaubs-, Urlaubsabgeltungs- und Urlaubsgeldansprüche?

Viele Kollegen haben noch Resturlaub oder Ansprüche aus Urlaubsgeld? Was passiert mit diesen Ansprüchen nach der Insolvenzantragstellung?

Der **urlaubsrechtliche Freistellungsanspruch** wird durch die Insolvenzeröffnung grds. nicht beeinträchtigt (BAG NZA 2004, 651). Der Urlaub, der vor Insolvenzeröffnung erarbeitet wurde, bleibt nach Eröffnung in voller Höhe erhalten (BAG NZA 2005, 1124).

Nur wenn der Urlaub wegen Beendigung des Arbeitsverhältnisses, beispielsweise durch Kündigung, nicht gewährt werden kann, steht dem Arbeitnehmer ein **Urlaubsabgeltungsanspruch** nach § 7 Abs. 4 Bundesurlaubsgesetz (BUrlG) zu. Sofern das Arbeitsverhältnis nach Insolvenzeröffnung endet, sind Urlaubsabgeltungsansprüche **Masseforderungen**, auch soweit sie aus Kalenderjahren vor der Insolvenzeröffnung stammen (BAG NZA 2005, 1124). Sie werden also grds. in voller Höhe bezahlt. Auch der Anspruch auf zusätzliches **Urlaubsgeld** ist in diesem Fall Masseverbindlichkeit (BAG NZA 2005, 1124).

Zu beachten ist allerdings, dass der (vorläufige) Insolvenzverwalter versuchen wird, Urlaubsabgeltungsansprüchen durch Freistellungen während laufender Kündigungsfristen unter Anrechnung auf den Resturlaub entgegenzuwirken.

5. Was gilt für individualvertragliche oder tarifvertragliche Abfindungsansprüche?

Abfindungsansprüche, die vor der Insolvenzeröffnung in Individualverträgen oder in Tarifverträgen begründet wurden, sind Insolvenzforderungen (BAG NZA 2009, 89). Dies gilt auch dann, wenn der Insolvenzverwalter nach Eröffnung des Insolvenzverfahrens das Arbeitsverhältnis durch Kündigung beendet hat (BAG NZA 2006, 1282).

6. Werden Abfindungen aufgrund eines gerichtlichen Vergleichs noch voll bezahlt?

Bei der Frage, wie individualvertragliche Abfindungen zu behandeln sind, ist zu differenzieren:

Abfindungen aufgrund eines gerichtlichen Vergleichs im Rahmen eines Kündigungsschutzverfahrens stellen grds. nur Insolvenzforderungen dar, wenn der Vergleich vor Eröffnung des Insolvenzverfahrens abgeschlossen wurde.

Anders ist es, wenn der Insolvenzverwalter den Kündigungsschutzprozess fortgeführt und den maßgeblichen Vergleich nach Eröffnung des Insolvenzverfahrens geschlossen hat. Dann ist die Abfindung ein Masseanspruch. Ein starker vorläufiger Insolvenzverwalter kann Abfindungen zusagen, die Masseverbindlichkeiten begründen.

7. Werden Einmalzahlungen aufgrund von Betriebsvereinbarungen noch voll erfüllt?

Ist eine Betriebsvereinbarung vor Insolvenzeröffnung vereinbart worden, sind auch Einmalzahlungen, die auf dieser Betriebsvereinbarung beruhen, Insolvenzforderungen. Allerdings gelten hier die Ausführungen betreffend Gratifikationen und Sonderzahlungen entsprechend (vgl. Ziff. 2 dieses Schreibens).

8. Sind Ansprüche aus Sozialplänen noch werthaltig?

Abfindungsansprüche aus Sozialplänen, die vor Insolvenzeröffnung abgeschlossen worden sind, sind Insolvenzforderungen. Wurde der Insolvenzplan dagegen vom starken vorläufigen Insolvenzverwalter oder nach der Eröffnung des Insolvenzverfahrens vom Insolvenzverwalter abgeschlossen, handelt es sich bei den Abfindungsansprüchen hieraus um Masseansprüche (BAG NZA 2002, 1332). Zu beachten ist allerdings, dass die Abfindungen in Sozialplänen, die nach Eröffnung des Insolvenzverfahrens abgeschlossen worden sind, der Höhe nach gedeckelt sind (§ 123 InsO). Der Zeitpunkt der Entlassung spielt hierbei keine Rolle. Sozialpläne, die nicht früher als **drei Monate vor dem Antrag auf Insolvenzeröffnung abgeschlossen** wurden, können sowohl vom Insolvenzverwalter als auch vom Betriebsrat nach § 124 InsO **widerrufen** werden.

9. Was gilt bei Ansprüchen aus Nachteilsausgleich nach § 113 Abs. 3 BetrVG?

Wenn der (vorläufige) Insolvenzverwalter eine geplante Betriebsänderung nach § 111 BetrVG durchführt, ohne über sie einen Interessenausgleich mit dem Betriebsrat versucht zu haben, und infolge der Maßnahme Arbeitnehmer entlassen werden oder andere wirtschaftliche Nachteile erleiden, steht den betroffenen Arbeitnehmern ein Anspruch auf Ausgleich der hierdurch erlittenen Nachteile zu. Diesen Anspruch nennt man **Nachteilsausgleichsanspruch.**

Ansprüche auf Nachteilsausgleich nach § 113 Abs. 3 BetrVG, die durch ein Verhalten des Insolvenzverwalters nach Eröffnung des Insolvenzverfahrens begründet worden sind, stellen Masseansprüche dar (BAG NZA 2003, 1027). Hierfür spielt es keine Rolle, wann die Kündigung erfolgt ist, sondern wann die Betriebsänderung oder -stilllegung ohne Verhandlung des Interessenausgleichs begonnen wurde. Hat ein starker vorläufiger Insolvenzverwalter die Betriebsänderung oder -stilllegung vor Eröffnung des Insolvenzverfahrens ohne Verhandlungen des Interessenausgleichs durchgeführt, stellen die Nachteilsausgleichsansprüche ebenfalls Masseforderungen dar.

Hat dies dagegen der bisherige Geschäftsführer allein oder gemeinsam mit dem schwachen vorläufigen Insolvenzverwalter getan, sind die Nachteilsausgleichsansprüche Insolvenzforderungen.

10. Was gilt für den Anspruch auf Ersatz des Verfrühungsschadens nach § 113 S. 2 InsO?

Kündigt der Insolvenzverwalter das Arbeitsverhältnis vorzeitig unter Einhaltung der Frist des § 113 S. 2 InsO, so steht dem betroffenen Arbeitnehmer ein Anspruch auf Ersatz des Schadens zu, der ihm durch die vorzeitige Kündigung entstanden ist. Man nennt diesen Schadensersatzanspruch auch **„Verfrühungsschaden".** Insbesondere ergibt sich regelmäßig ein Schaden durch den entgangenen Lohn infolge der verkürzten Kündigungsfrist. Dieser Schadensersatzanspruch ist grds. nur eine einfache **Insolvenzforderung.**

Für Rückfragen stehen euch euer Gesamtbetriebsrat und die örtlichen Betriebsräte gerne zur Verfügung.

Muster 3: Info-Schreiben: „Folgen der Insolvenz des Arbeitgebers für Altersteilzeitbeschäftigte"

Liebe Kolleginnen, liebe Kollegen,

bei der ... GmbH haben alle Altersteilzeitbeschäftigten das **Blockmodell** gewählt, arbeiten also entweder noch Vollzeit (**Aktivphase**) oder sind zu 100% freigestellt (**Passivphase**). Die wichtigsten Fragen hierzu haben wir euch nachfolgend beantwortet. Zu unterscheiden ist zunächst danach, ob sich die Kollegen in der Freistellungs- oder der Aktivphase der Altersteilzeit befinden:

1. Kann der (vorläufige) Insolvenzverwalter Altersteilzeitbeschäftigten in der Freistellungsphase der Blockaltersteilzeit kündigen?

Weder der Insolvenzantrag noch die Insolvenzeröffnung beenden das Altersteilzeit-Arbeitsverhältnis automatisch. Bei einem Altersteilzeit-Arbeitsverhältnis handelt es sich um ein befristetes Arbeitsverhältnis, das nicht ordentlich gekündigt werden kann. Allerdings ermöglicht § 113 Insolvenzordnung (InsO) im Fall der Eröffnung des Insolvenzverfahrens über das Vermögen des Arbeitgebers, dass der Insolvenzverwalter auch ordentlich unkündbare Arbeitsverhältnisse mit einer Frist von maximal drei Monaten kündigen kann. Dies gilt auch für die Altersteilzeit-Arbeitsverhältnisse. Für die Altersteilzeitbeschäftigten in der Freistellungsphase des Blockmodells gilt aber wiederum eine Ausnahme in Bezug auf betriebsbedingte Kündigungen:

Die Kündigung des (vorläufigen) Insolvenzverwalters wegen Betriebsstilllegung ist gegenüber dem Altersteilzeitbeschäftigten, der sich in der Freistellungsphase des Blockmodells befindet, grds. unwirksam (BAG NZA 2003, 789). Insbesondere stellt die Stilllegung des Betriebs **kein** dringendes betriebliches Erfordernis dar, das nach § 1 Abs. 2 Kündigungsschutzgesetz (KSchG) die Kündigung eines Arbeitnehmers, mit dem Block-Altersteilzeit vereinbart ist und der sich bereits in der Freistellungsphase befindet, sozial rechtfertigen kann. Für sie kann es keine Rolle spielen, dass es für sie keine Beschäftigungsmöglichkeit mehr gibt (BAG NZA 2003, 789). Diese Ausnahme gilt für Altersteilzeitbeschäftigte im unverblockten Modell nicht, da diese immer noch Arbeitsleistungen für den Arbeitgeber erbringen.

Abgesehen von betriebsbedingten Kündigungen kann der (vorläufige) Insolvenzverwalter grds. auch Beschäftigten in Altersteilzeit, die sich in der Freistellungsphase des Blockmodells befinden, Kündigungen aussprechen, die auf anderen Gründen beruhen. Dies gilt beispielsweise für verhaltensbedingte Kündigungen wegen Verletzung von Nebenpflichten aus dem Altersteilzeit-Arbeitsverhältnis.

2. Haben Altersteilzeitbeschäftigte in der Freistellungsphase einen Anspruch auf Vergütung?

Zwar bestehen die Entgeltansprüche der Altersteilzeitbeschäftigten in der Freistellungsphase fort. Allerdings stellen diese nur Insolvenzforderungen dar, soweit sie sich auf Arbeitsleistungen beziehen, die vor Eröffnung des Insolvenzverfahrens erbracht worden sind. Soweit für diese Forderungen kein gesichertes Wertguthaben vorhanden ist, müssen sie von den Altersteilzeitbeschäftigten nach Eröffnung des Insolvenzverfahrens zur Tabelle angemeldet werden. Sie werden nur mit der Insolvenzquote befriedigt. Ab Insolvenzeröffnung erfolgen dann keine Auszahlungen der Vergütung mehr.

3. Was passiert in der Insolvenz mit dem Wertguthaben?

Beim Blockmodell bildet der Arbeitnehmer Wertguthaben, soweit er mit seiner Arbeitsleistung in Vorleistung tritt. Dieses Wertguthaben umfasst also denjenigen Teil des Bruttoarbeitsentgelts, den der Arbeitnehmer während der Freistellungsphase erhält. Der Arbeitgeber ist nach § 8a Altersteilzeitgesetz (AltTZG) verpflichtet, das Wertguthaben für den Fall der Insolvenz des Arbeitgebers zu sichern. § 8a AltTZG begründet allerdings nur eine Verpflichtung zu einer Insolvenzabsicherung, nicht aber den Insolvenzschutz selbst (wie etwa § 7 BetrAVG). Ist der Arbeitgeber seiner Verpflichtung zur Insolvenzsicherung nicht nachgekommen, ändert dies nichts an der Wirksamkeit des Altersteilzeit-Arbeitsverhältnisses. Die Entgeltforderungen des Altersteilzeitbeschäftigten in der Freistellungsphase des Blockmodells stellen dann allerdings nur Insolvenzforderungen dar.

Die in der Freistellungsphase zu zahlenden Aufstockungsbeträge muss der Arbeitgeber allerdings nicht insolvenzrechtlich nach § 8a Altersteilzeitgesetz (AltTZG) absichern.

Besteht ein gesichertes Wertguthaben, hat der Arbeitnehmer diesbezüglich – je nach Ausgestaltung – ein Aussonderungs- oder Absonderungsrecht.

4. Haben in der Freistellungsphase gekündigte Altersteilzeitbeschäftigte einen Anspruch auf Arbeitslosengeld?

Grds. wird das abgesicherte Wertguthaben in einer Gesamtsumme ausgezahlt. Betroffene Arbeitnehmer können Anspruch auf Arbeitslosengeld haben und sollten sich diesbezüglich unbedingt mit der Arbeitsagentur in Verbindung setzen.

5. Kann der (vorläufige) Insolvenzverwalter Altersteilzeitbeschäftigten in der Arbeits- bzw. Aktivphase kündigen?

Der (vorläufige) Insolvenzverwalter kann den Altersteilzeitbeschäftigten in der Aktivphase betriebsbedingt kündigen, wenn dringende betriebliche Erfordernisse vorliegen (BAG NZA 2006, 270).

Wenn das Altersteilzeit-Arbeitsverhältnis gekündigt wird, liegt ein Störfall vor, dh es wird „rückabgewickelt". Die Rückabwicklung ist kompliziert. Der betroffene Arbeitnehmer sollte sich diesbezüglich beraten lassen.

6. Haben Altersteilzeitbeschäftigte in der Aktivphase einen Anspruch auf Vergütung?

Erbringt der Altersteilzeitbeschäftigte nach Eröffnung des Insolvenzverfahrens im Rahmen der Aktivphase eine Arbeitsleistung, ist die daraus resultierende Vergütung ein Masseanspruch. Der Altersteilzeitbeschäftigte erarbeitet damit zugleich die anteilige Vergütung für die spätere Freistellungsphase, die dann auch aus der Masse grds. in voller Höhe zu zahlen ist (BAG NZA 2005, 694). Dies gilt auch entsprechend für Aufstockungsbeträge, die ein Entgelt für die nach Insolvenzeröffnung erbrachte Arbeitsleistung darstellen (BAG NZA 2005, 694).

Für Rückfragen meldet euch bitte bei eurem Gesamtbetriebsrat!

Muster 4: Entscheidungshilfe: „Soll der Gesamtbetriebsrat einen Interessenausgleich mit Namensliste abschließen?"

Argument für eine Namensliste	Argument gegen eine Namensliste
Wenn eine Vielzahl von Kündigungsschutzklagen zu erwarten ist, die interessierte Investoren abschrecken würden, kann die Kündigungserleichterung des Interessenausgleichs mit Namensliste zur Sicherung der verbleibenden Arbeitsplätze ein Vorteil sein (→ *Frage 56: Wann ist ein Interessenausgleich mit Namensliste sinnvoll?*).	Die Kündigungsschutzklagen der betroffenen Arbeitnehmer haben wegen der Umkehr der Darlegungs- und Beweislast in Bezug auf das Vorliegen betriebsbedingter Kündigungsgründe weitaus weniger Aussichten auf Erfolg als bei einem Interessenausgleich ohne Namensliste (→ *Frage 50: Welche Folgen hat es für Kündigungsschutzklagen, wenn die Verhandlungen zum Interessenausgleich mit Namensliste vor Eröffnung des Insolvenzverfahrens abgeschlossen sind?*; → *Frage 53: Welche Folgen hat es für Kündigungsschutzklagen, wenn die Verhandlungen zum Interessenausgleich nach Eröffnung des Insolvenzverfahrens abgeschlossen werden?*).

Frage	Antwort	Namensliste
Wie sicher ist es, dass überhaupt die verbleibenden Arbeitsplätze erhalten werden bzw. das Unternehmen von einem Investor übernommen wird?	Sicher	Ja
	Unwahrscheinlich	Nein
Gibt es eine Transfergesellschaft (→ *Frage 63: Was ist eine Transfergesellschaft?* ff.)? Wird die Mehrheit der betroffenen Arbeitnehmer den dreiseitigen Vertrag (→ *Frage 69: Was muss der Arbeitnehmer tun, um bei der betriebsorganisatorisch eigenständigen Einheit angestellt zu sein?*) unterschreiben?	Ja	Ja
	Nein	Unklar
Ist die Anzahl der von Kündigung betroffenen Arbeitnehmern dazu geeignet, durch Kündigungsschutzklagen Investoren abzuschrecken?	Ja	Ja
	Nein	Nein
Ist es nicht unwahrscheinlich, dass demnächst Masseunzulänglichkeit (→ *Frage 77: Was bedeutet Masseunzulänglichkeit für Betriebsrat und Arbeitnehmer?*) droht und folglich Abfindungsansprüche aus dem Sozialplan als Insolvenzforderungen nicht mehr erfüllt werden?	Ja	Ja
	Nein	Unklar

Muster 5: Entscheidungshilfe: „Soll der Gesamtbetriebsrat den Sozialplan und den Interessenausgleich mit Namensliste schon vor Eröffnung des Insolvenzverfahrens abschließen oder lieber danach?"

Der Gesamtbetriebsrat hat sich aufgrund der hohen Wahrscheinlichkeit des Erhalts der Mehrheit der Arbeitsplätze durch einen Investor dazu entschieden, einen Interessenausgleich mit Namensliste abzuschließen. Im Fall der Maier GmbH möchte der vorläufige Insolvenzverwalter aber unbedingt die Kündigungen vor Eröffnung des Insolvenzverfahrens aussprechen.

Abschluss eines Interessenausgleichs mit Namensliste und Kündigungen der Arbeitsverhältnisse vor Eröffnung des Insolvenzverfahrens	**Abschluss eines Interessenausgleichs mit Namensliste und Kündigungen der Arbeitsverhätnisse nach Eröffnung des Insolvenzverfahrens**
Keine Begrenzung für die Höhe der Abfindungen aus dem Sozialplan	Begrenzung • der einzelnen Abfindung auf maximal 2,5 Monatsgehältern pro Jahr Betriebszugehörigkeit, und • in ihrer Gesamtheit auf nicht mehr als ein Drittel der Masse, die zur Verteilung an die Insolvenzgläubiger ohne Sozialplan zur Verfügung stünde (→ *Frage 61: Welche Folgen hat es für die Höhe der Abfindungen, wenn der Sozialplan nach der Eröffnung des Insolvenzverfahrens abgeschlossen wird?*)
Abfindungen aus dem Sozialplan sind nur Insolvenzforderungen, es sei denn der **starke vorläufige Insolvenzverwalter** (→ *Frage 28: Wer ist auf Arbeitgeberseite Ansprechpartner des Betriebsrats?* ff.) hat den Sozialplan unterzeichnet. Dann sind die Abfindungsansprüche Masseforderungen. Ausnahme: Masseunzulänglichkeit (→ *Frage 77: Was bedeutet Masseunzulänglichkeit für Betriebsrat und Arbeitnehmer?*)	Abfindungen sind als Masseansprüche voll zu bezahlen. Ausnahme: Masseunzulänglichkeit (→ *Frage 77: Was bedeutet Masseunzulänglichkeit für Betriebsrat und Arbeitnehmer?*)
Sozialplan kann **widerrufen** werden (→ *Frage 79: Unter welchen Voraussetzungen kann ein Sozialplan während des Insolvenzverfahrens widerrufen werden?*).	Sozialplan kann **nicht widerrufen** werden.
Ansprüche der gekündigten und freigestellten Arbeitnehmer auf Lohn während der Kündigungsfrist und auf Annahmeverzugslohn für den Zeitraum vor Eröffnung des Insolvenzverfahrens sind **Insolvenzforderungen.** Das ist schlecht für die gekündigten Arbeitnehmer, die kein Insolvenzgeld bekommen.	Ansprüche der gekündigten Arbeitnehmer auf Lohn während der Kündigungsfrist und auf Annahmeverzugslohn sind unabhängig von der Frage der Freistellung **Masseansprüche.** Dies verringert die Insolvenzmasse und erschwert unter Umständen die Suche nach einem Investor.
Es gelten die **normalen Kündigungsfristen.** Allerdings kann der Insolvenzverwalter nach Eröffnung des Insolvenzverfahrens mit den verkürzten Fristen des § 113 InsO nachkündigen.	Die **Kündigungsfristen werden verkürzt auf maximal drei Monate** zum Monatsende § 113 InsO.
Kündigungen der Arbeitsverhältnisse sind nur in dem Umfang des § 1 Abs. 5 S. 1 KSchG erleichtert. **Kündigungsschutzklagen haben weniger Aussicht auf Erfolg** als beim Interessenausgleich ohne Namensliste. Nachteil für gekündigte Arbeitnehmer.	Kündigungen sind noch weitergehender als nach § 1 Abs. 5 S. 1 KSchG in dem Umfang des § 125 InsO erleichtert. **Kündigungsschutzklagen haben noch weniger Aussicht auf Erfolg** (→ *Frage 50: Welche Folgen hat es für Kündigungsschutzklagen, wenn die Verhandlungen zum Interessenausgleich mit Namensliste vor Eröffnung*

	des Insolvenzverfahrens abgeschlossen sind?; → *Frage 53: Welche Folgen hat es für Kündigungsschutzklagen, wenn die Verhandlungen zum Interessenausgleich nach Eröffnung des Insolvenzverfahrens abgeschlossen werden?*). Vorteilhaft für Betriebsübernahme durch Investor.
Keine besondere Kündigungserleichterung bei Betriebsübergang. Vorteil für gekündigte Arbeitnehmer.	**Zusätzliche Erleichterung der Kündigungen von Arbeitsverhältnissen im Fall des Betriebsübergangs** nach § 128 InsO (→ *Frage 53: Welche Folgen hat es für Kündigungsschutzklagen, wenn die Verhandlungen zum Interessenausgleich nach Eröffnung des Insolvenzverfahrens abgeschlossen werden?*). Vorteilhaft für Betriebserwerber.
Nachteilsausgleichsansprüche wegen Unterlassen der Interessenausgleichsverhandlungen und Ähnliches sind grds. Insolvenzforderungen, wenn sie auf Fehlverhalten vor der Insolvenzeröffnung beruhen. Werden sie durch Fehlverhalten des starken vorläufigen Insolvenzverwalters verursacht, sind sie Masseforderungen (→ *Frage 51: Welche Folgen hat es, wenn der vorläufige Insolvenzverwalter im Insolvenzeröffnungsverfahren die Rechte des Betriebsrats nicht wahrt?*).	**Nachteilsausgleichsansprüche** wegen Unterlassens der Interessenausgleichsverhandlungen und Ähnliches nach Insolvenzeröffnung durch den Insolvenzverwalter sind Masseforderungen (→ *Frage 51: Welche Folgen hat es, wenn der vorläufige Insolvenzverwalter im Insolvenzeröffnungsverfahren die Rechte des Betriebsrats nicht wahrt?*).

Muster 6: Entscheidungshilfe: „Soll der Gesamtbetriebsrat die Gründung einer Transfergesellschaft unterstützen?"

Vor- und Nachteile einer Transfergesellschaft aus Arbeitnehmer- und Betriebsratssicht

Vorteile einer Transfergesellschaft	Nachteile einer Transfergesellschaft
Zunächst keine Arbeitslosigkeit, Weiterbeschäftigung bis zu 12 Monaten	Verzicht auf die Möglichkeit, Kündigungsschutzklage zu erheben und damit auf die Möglichkeit der Weiterbeschäftigung und des Aushandelns von weiteren Abfindungen
Längere finanzielle Absicherung, Transferkurzarbeitergeld (→ *Frage 65: Liegen die Voraussetzungen für die Zahlung von Transferkurzarbeitergeld vor?*) verkürzt nicht Anspruchszeitraum von Arbeitslosengeld	
Professionelle Unterstützung bei der Suche nach einem neuen Arbeitsplatz	Risiko, dass Transfergesellschaften ihrer Vermittlungsfunktion nicht in dem Sinn nachkommen, den der Gesetzgeber vorsieht
Unterstützung bei Qualifizierungsmaßnahmen	
Erleichterte Bewerbung aus dem laufenden Arbeitsverhältnis	
Vermeidung von Kündigungsschutzverfahren und damit höhere Wahrscheinlichkeit für Zusage eines Investors und den Erhalt der verbleibenden Arbeitsplätze	

Muster 7: Zeitstrahl: Insolvenzverfahren

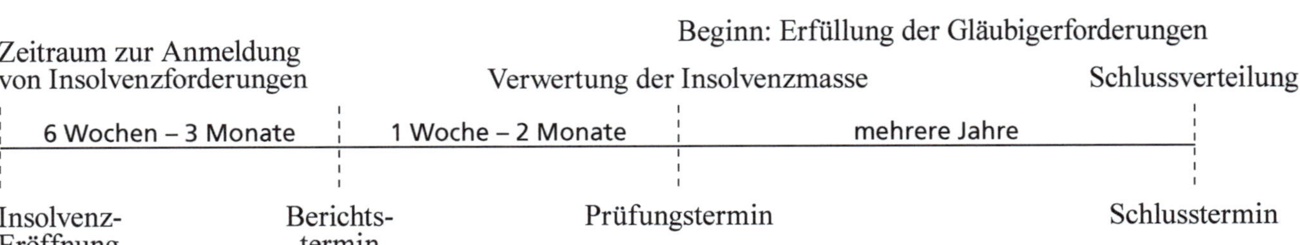

Muster 8: Unterscheidung von Gehaltsforderungen in Masseansprüche und Insolvenzforderungen

Anspruch entstanden	**Leistung erbracht gegenüber**	**Masseanspruch** (→ *Frage 76: Wie werden die Arbeitnehmer nach Eröffnung des Insolvenzverfahrens bezahlt?*)	**Insolvenzforderung** (→ *Frage 23: Welche Ansprüche werden bei der Bestellung des schwachen vorläufigen Insolvenzverwalters bezahlt?*)
vor Stellung des Insolvenzantrags	dem Schuldner bzw. der Geschäftsführung des insolventen Unternehmens		**X**
nach Stellung des Insolvenzantrags aber vor Eröffnung des Insolvenzverfahrens	dem schwachen vorläufigen Insolvenzverwalter (→ *Frage 21: Wer ist auf Arbeitgeberseite Ansprechpartner des Betriebsrats?*)		**X**
	dem starken vorläufigen Insolvenzverwalter (→ *Frage 28: Wer ist auf Arbeitgeberseite Ansprechpartner des Betriebsrats?*)	**X**	
	Arbeitsleistung nicht erbracht wegen Freistellung durch starken vorläufigen Insolvenzverwalter		**X**
nach Eröffnung des Insolvenzverfahrens	dem Insolvenzverwalter	**X**	
	Leistung nicht erbracht wegen Freistellung durch den Insolvenzverwalter	**X**	

Muster 9: Unterscheidung von Jahresleistungen und Gratifikationen in Masseansprüche und Insolvenzforderungen

Leistungsart	**Entscheidungskriterium**	**Masseanspruch** (→ *Frage 76: Wie werden die Arbeitnehmer nach Eröffnung des Insolvenzverfahrens bezahlt?*)	**Insolvenzforderung** (→ *Frage 23: Welche Ansprüche werden bei der Bestellung des schwachen vorläufigen Insolvenzverwalters bezahlt?*)
Zusätzliche Vergütung für bestimmten Bezugszeitraum	**Leistung erfolgt anteilig für den Zeitraum**		
	vor Insolvenzeröffnung		**X**
	nach Insolvenzeröffnung	**X**	
Zusätzliche Vergütung, die nicht einzelnen Zeitabschnitten/Leistungen zugeordnet ist (zB Weihnachtsgeld), das zukünftige Betriebstreue fördern soll	**Zeitpunkt, in dem Anspruch entsteht,**		
	vor Insolvenzeröffnung, gesamter Anspruch ist:		**X**
	nach Insolvenzeröffnung, gesamter Anspruch ist:	**X**	